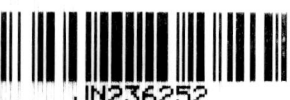

GO!GO!クッキング

いちばんわかりやすい

基本の料理

成美堂出版

これだけできれば大丈夫！の60レシピ

いちばんわかりやすい基本の料理

第一章
基本の60レシピ

基本はやっぱり 和食

CONTENTS

うちで作れば もっとおいしい 洋食

強火でザッザッと作ろう 中華

第二章 調理の基礎知識

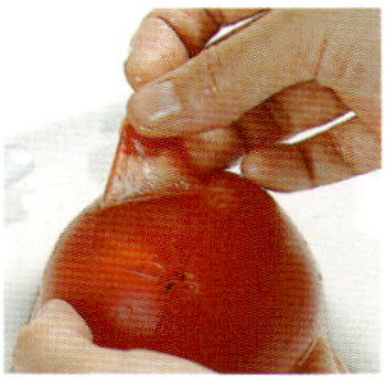

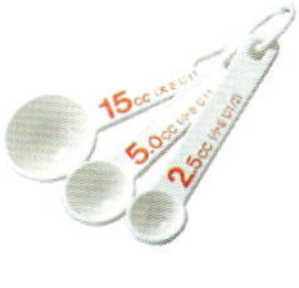

これだけは絶対必要な
基本の調味料

基本中の基本の調味料ばかりです。自分の好みに合った質の良いものを選びましょう。
調味料には味つけ以外にいろいろな働きもあります。チェックしておきましょう。

塩

【自然塩】

にがりが多く、塩特有の香りがあるので、味に深みを出したい時にはおすすめ。

化粧塩

焼き魚の胸びれ、尾びれに粗塩《あらじお》をつけて焼くと、ひれが焦げ落ちずにきれいに焼きあがる。

【精製塩】

99％以上が塩化ナトリウム。塩自体の味が特に必要でないような、下ごしらえなどに。

働き

アク抜き、貝類の砂出し、素材から水分を出す、保存、野菜や果物の色留め。

砂糖

【上白糖】

精製された白砂糖。溶けやすくくせがない。

【てんさい糖】

赤砂糖。ミネラル分が多くコクがある。

【三温糖】

精製度が低い赤砂糖の代表。甘みは上白糖より強く、独特の風味とコクがある。

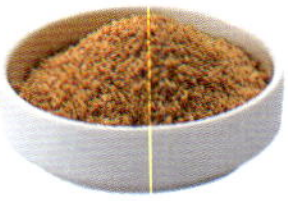

【きび糖】

赤砂糖。ミネラル分が多くコクがある。

働き

料理につやや照りを出す、保存、素材をやわらかくする。

料理につやと照りを出す。

しょうゆ

仕上げにしょうゆを加えると、香りが立ち、味が引き締まる。

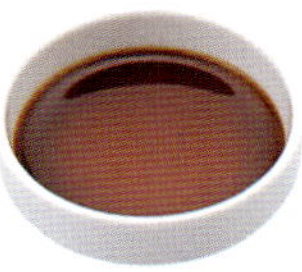

【濃口しょうゆ】

塩分が18％で色が濃く、香りも強い。どんな料理にも。薄口しょうゆは塩分が２％ほど多く、色も香りも薄目で色鮮やかに仕上がる。

働き

肉や魚の生臭みを抑える、料理に照りを出す。

みそ

みその香りが生臭みを押さえる。

【白みそ】

米みそのなかでも米麹の割合が多く甘口のみそ。

【赤みそ】

辛口の赤色みそ。

【信州みそ】
【信州みそ(粒)】

淡色辛口みその代表で、あっさりとくせのない味。

働き
肉や魚の生臭みを抑える、保存、風味・香りづけ。

酒

肉や魚など、生臭みを消したい素材の下味に。

【日本酒】

普通の日本酒でも、料理酒でもOK。洋食にはワイン、中華には紹興酒を使うと、仕上がりがぐっと本格的に。

働き
肉や魚の生臭みを抑える、素材をやわらかくする、風味づけ、コク出し。

酢

酢の物、寿司に。

【米酢】

原料によって穀物酢、純米酢、りんご酢、ワインビネガーなどさまざまな種類があるが、米酢があれば大抵の料理に使える。

働き
蛋白質を固める、塩味をやわらげる、素材を漂白する、殺菌、防腐、保存。

みりん

煮物やたれに欠かせない。

働き
料理につやや照りを出す、保存、煮くずれを防ぐ、うまみを引き出す。

【みりん】

アルコールとしょ糖を混ぜて作った「みりん風調味料」も一般的だが、やはり本みりんがおすすめ。

こしょう

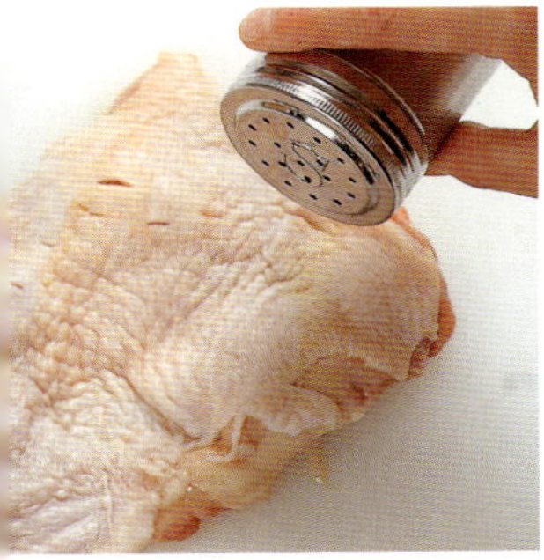

【白こしょう】

こしょうのなかでもマイルドなので、くせのない料理に。

【黒こしょう】

強い辛味を味わいたい料理に。粗びきや粒を使えば、よりスパイシー。

働き
防腐、保存、消化吸収を助ける。

カレー粉

【カレー粉】

各種のブレンドがあり、クミン、カルダモン、ターメリック、黒こしょうほか10種類前後を組み合わせてある。

働き
肉や魚の生臭みを抑える、香りづけ、消化吸収を助ける。

あると便利な　加工調味料＆だしの素

基本の調味料にプラスして使いたい、おなじみの調味料。インスタントだしは、さまざまな種類があり、朝忙しい時などに便利です。

加工調味料

【トマトケチャップ】

炒めものや洋風煮込み、ソースに、また甘みが強いので隠し味として。

【ウスターソース】

フライやソテーに添えるのはもちろん、炒めものなどの調味に、また隠し味としても。

【マヨネーズ】

コクがプラスできる調味料なので、サラダだけでなく幅広く応用を。

中華調味料

【豆板醤《トウバンジャン》】

空豆と唐辛子を発酵させて作り、辛味と独特の味わいが、四川料理、特に麻婆豆腐には欠かせない。

【甜麺醤《テンメンジャン》】

小麦粉を発酵させた甘みそ。回鍋肉や麻婆豆腐などの調味に。

だしの素

【和風だし（顆粒・パック）】

かつおぶし、昆布などがベースで、手軽に和風のコク、風味づけができる。パックタイプは本格的なだしが取れるのに、こす手間がかからず便利。

【洋風だし（顆粒・固形）】

スープの素、ブイヨンなどの名称で市販されている。ビーフ、ポーク、チキンなど料理の主材料に合わせて選ぶ。

【中華だし（顆粒）】

鶏などをベースに香辛料を加えて作られただし。手軽に中華風の味つけができる。

料理によって使い分けたい　油

ふだん料理に使う油には動物性と植物性があり、風味もそれぞれ違います。料理に応じて使い分けましょう。

【バター】

動物性油脂。ソテーなど、風味や香りをつけたい料理に。調理用の無塩バターと、普通の有塩バターがあり、普通のバターを調理に使う場合は塩加減に注意を。

【サラダ油】

植物性油脂。大豆油、菜種油、コーン油などさまざまな種類がある。ドレッシングにはもちろん、炒め物や揚げ物などほとんどすべての料理に使える。

【オリーブ油】

一番絞りのエキストラバージンオリーブオイルは生食用に最適。サラダやパスタ、カルパッチョにふりかけて。二番絞りのピュアオリーブオイルは加熱するときに。

【ごま油】

ごま独特の香りと風味が料理を引き立てる。炒めものや仕上げの香りづけに、また揚げ油としても使う。

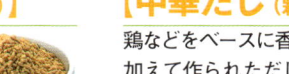

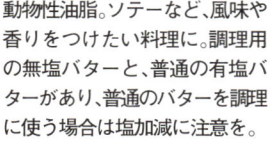

計量は料理の基本

はじめての料理にチャレンジする時は、まずレシピ通りの分量で。調味料を正確にはかって味を確認したら、次から好みに合わせて増減し、だんだんに自分の味に。正しい計量の仕方をマスターしましょう。

計量カップではかる

基本的に1カップは200mℓ。ただし、米は1合（180mℓ）が単位なので、炊飯器付属のカップは180mℓ。ステンレス、プラスチック、耐熱ガラス製があり、耐熱ガラスのものは電子レンジにも入れられる。

● 粉をはかる

粉ものはふわっと入れ、表面をなるべく平らにしてはかる。

● 液体をはかる

平らな場所に置き、真横から目盛りを見る。

手ばかり

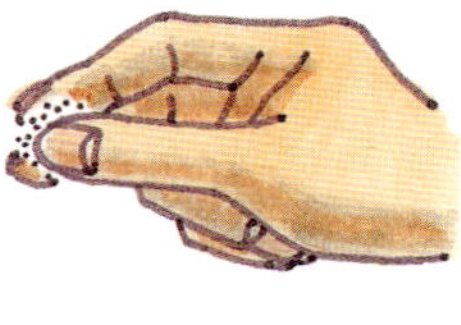

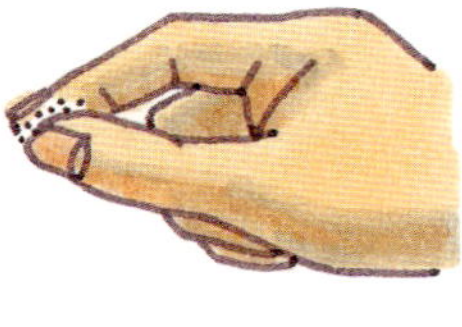

● ひとつまみ

親指と人差し指、中指の3本で軽くつまんだ量。

● 少々

親指と人差し指、2本の先で軽くつまんだ量。

はかり

1kgまではかれるものを。針の目盛りか、デジタル表示か、自分の使いやすいものを選ぶ。

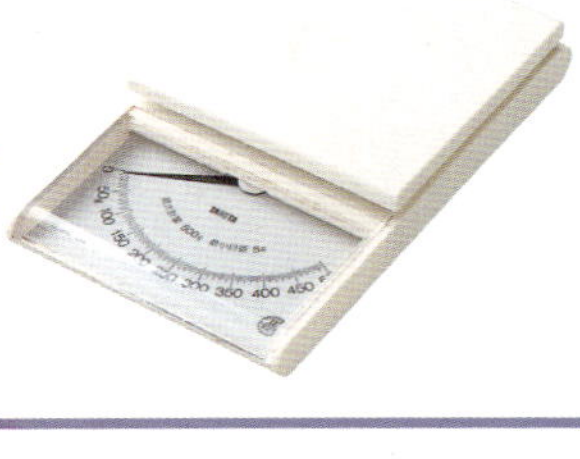

計量スプーンではかる

ステンレス、プラスチック製があり、大さじ（15mℓ）、小さじ（5mℓ）、小さじ½（2.5mℓ）の3本組が一般的。スプーン部分が深みのあるタイプが使いやすい。

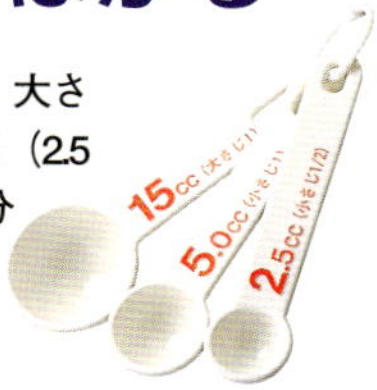

● 粉をはかる

大さじ
小さじ 1

一度スプーンに山盛りにすくい、箸やへらを使って表面をまっすぐにすり切る。

大さじ
小さじ 1/2

すり切った大さじを縦半分に区切って半分を取り除く。

● 液体をはかる

大さじ
小さじ 1

静かにスプーンに注ぎ、表面張力で盛り上がったギリギリ状態が1杯分。

大さじ
小さじ 1/2

底が小さくなっているので思ったよりも多め。深さの⅔程度と思えばちょうどいい。

料理の前に知っておきたい 下ごしらえの基本

材料を料理に合わせて切り、下ごしらえすることが、調理の第一歩。
基本をしっかり覚えてしまえば安心です。

野菜を切る

切り方によって火の通り加減、歯ごたえ、味が違ってきます

小口切り

きゅうり
長ねぎなど

細長いものを端（小口）から切る。サラダ、薬味などに。

斜め切り

きゅうり　長ねぎ
ごぼう　にんじんなど

円筒状のものを端から斜めに切る。サラダ、鍋物、煮物など。

輪切り

大根　にんじん　なす
トマト　玉ねぎなど

断面の丸い素材を端から切る。用途によって厚みはいろいろ。煮物、焼き物など。

いちょう切り

大根　にんじん　なす
さつまいもなど

円筒状のものを縦に十文字に4等分し、端から切っていちょうの葉のような扇形に。煮物、汁物など。

薄切り

玉ねぎ　大根　にんじん
じゃがいもなど

端から薄く切る。千切りやみじん切りはまず薄切りし、さらに縦・横に切る。サラダ、炒めものなど。

くし型切り

トマト　レモン
玉ねぎ　かぶなど

球形のものをくしのような形に。球形を半分に切り、中心に向かって放射状に切る。サラダ、つけあわせに。

キャベツの葉の芯を取る

キャベツの葉の芯の部分は厚みがあるので、葉の部分より火が通るのに時間がかかる。V字形に切り取るか、厚い部分をそぎ切る。

トマトのヘタをくりぬく

包丁の刃先をヘタの横に斜めに差し込み、ぐるりと一周切ってくりぬく。

ねぎ、にんにくをつぶす

香りを立てたいとき、包丁を横に寝かせるようにして、上から押してつぶす。

千切り

キャベツ　大根　にんじん　シソ　長ねぎ　ピーマンなど

キャベツは、葉を何枚か重ねて巻き、端から細く切る。

しそは重ねて縦半分に切り、真ん中の葉脈を切り取り、端から切る。

長ねぎは縦半分に切り、芯を取り除いて平らに押さえ、端から細く切る。

絹さやの筋を取る

まず、なり口から下に向かって、静かに引っぱって筋を取る。反対側も同様に取る。いんげんなども同じ。

細切り

ごぼう　にんじん　じゃがいもなど

ごぼうは適当な長さに切り、縦に薄切りにしてから細く切る。

にんじんは縦か斜めに薄切りにしてから細く切る。

ざく切り

白菜　キャベツなど

白菜は葉を重ねて縦に２～３等分し、横にざくざくと切る。鍋物などに。

キャベツは葉を縦に２～３等分し、横にざくざくと切る。

みじん切り

玉ねぎ　長ねぎ　にんにく　しょうがなど

玉ねぎは縦半分に切り、切り口を下にして縦、横に切り目を入れる。根元は切り離さない。

端から細かく切る。

ささがき

ごぼう　にんじんなど

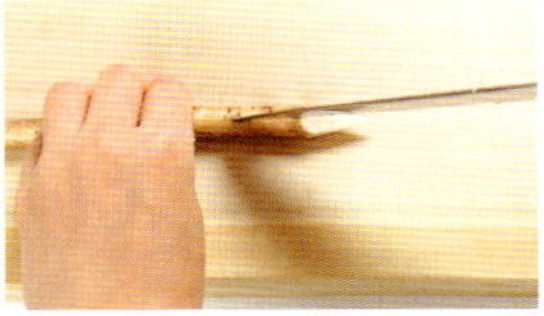

主にゴボウに使う切り方。まず、縦に数本の切り目を入れる。

鉛筆を削るように端から細かいそぎ切りにし、水にさらす。

乱切り

ごぼう　にんじん　たけのこ　大根など

にんじんは皮をむき、回しながら、切り口の角度を変えて斜めに切っていき、ほぼ同じ大きさにそろえる。

たけのこは大きさによって縦に２～４等分し、上から切り口の角度を変えて斜めに切っていき、ほぼ同じ大きさにそろえる。

肉の下ごしらえ

肉の種類によって切り方も違ってきます。

牛肉 BEEF

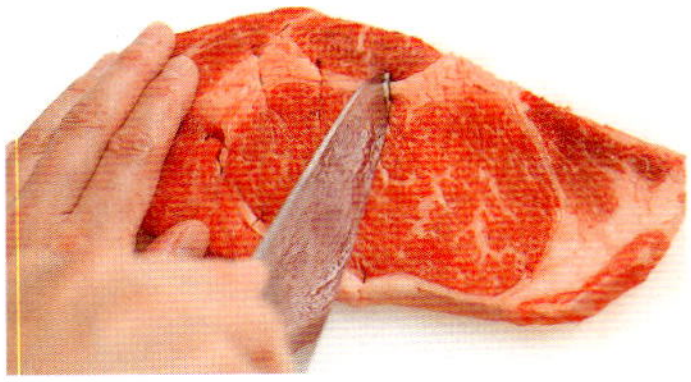

筋切り（ステーキ肉）

脂肪と赤身の間の透き通った部分が筋。包丁の先を立て、筋の中心に深く入れて3～4カ所切る。焼き縮みが防げる。

細切り（薄切り肉）

薄切り肉を3～4等分して重ね、幅をそろえて細切りにする。繊維が断ち切られて味がしみこみやすくなる。

塩、こしょうする

肉に下味の塩、こしょうをふるときは、全体にまんべんなくかかるように、やや高めの位置からふりかける。

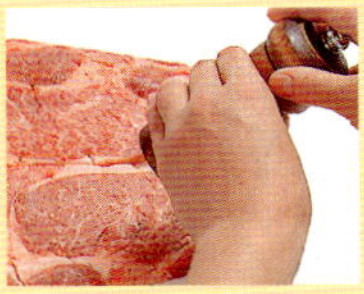

豚肉 PORK

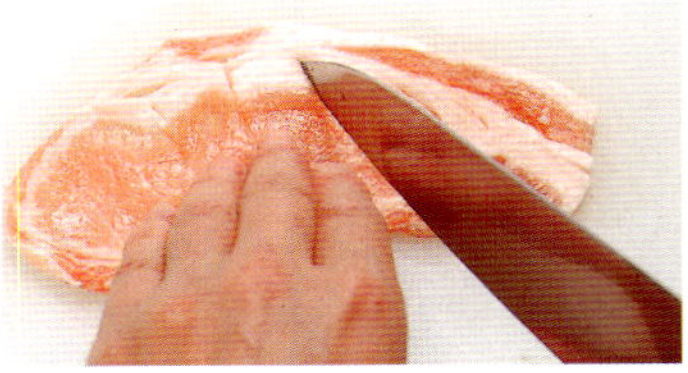

筋切り（ロース肉）

牛肉と同様、脂肪と赤身の間の数カ所に包丁を入れて筋を切る。

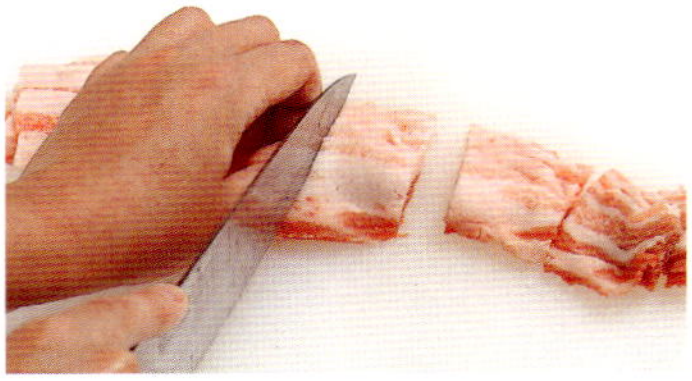

ひと口大に切る（薄切り肉）

薄切り肉を数枚重ね、端からひと口大に切る。加熱するときは、くっつかないよう一枚ずつはがして使う。

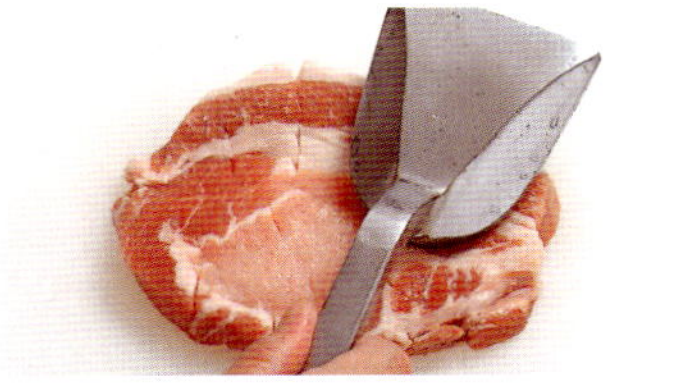

肉を叩く（ロース肉）

肉を叩いてひと回り大きくのばす。叩くことで繊維が切れ、やわらかくなる。肉叩きがなければめん棒やびんなどでも。

鶏 CHICKEN

脂肪を取る

肉の端についている余分な脂肪は切って取る。カロリーが気になる人は、皮と身の間の脂肪もチェック。

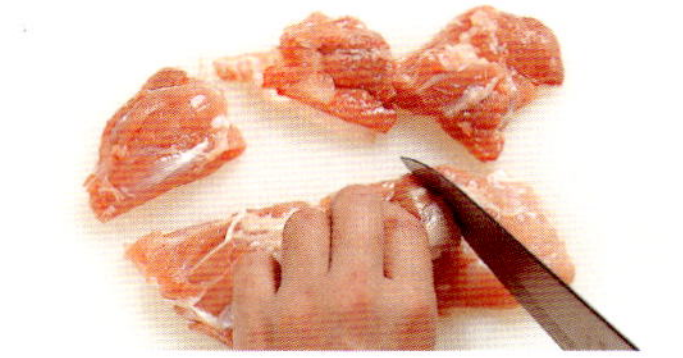

ひと口大に切る（もも肉）

皮ごと大きめのひと口大に切る。唐揚げ、煮物、シチューなどに。

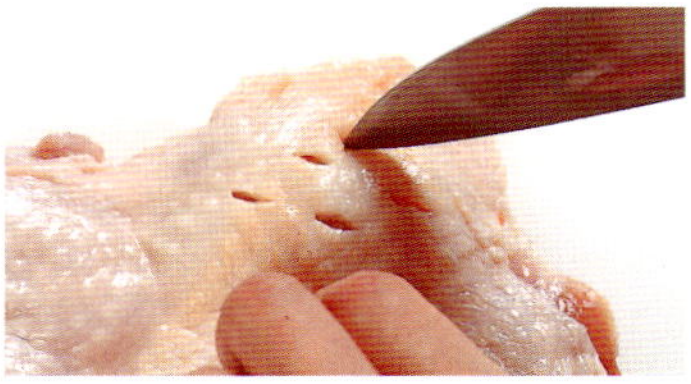

皮に切り目を入れる

フォークや包丁の刃先で皮一面に切り目を入れる。味がしみやすくなり、電子レンジにかける場合は破裂防止に。

筋を取る（ささみ）

ささみの筋を下にしてまな板に置く。筋を片手で押さえ、包丁の背を身と筋の間に入れて押し、筋を引っぱるように取る。

そぎ切り（ささみ）

包丁を寝かせて、端から斜めにひと口大に切る。

下味をつける

肉に下味をつける時、ビニール袋に肉と調味料を入れて袋の外からもむようにすると便利。調味料も少なくすみ、手も汚れない。

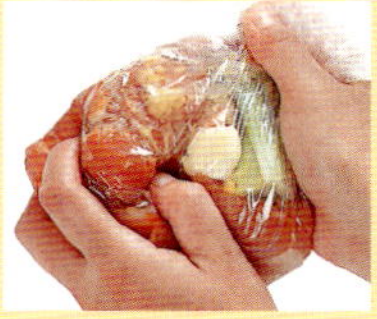

魚の下ごしらえ

あじ、いわしは魚のなかでも下ごしらえが簡単。

あじの下ごしらえ（塩焼き用）

1 あじの両面についているゼイゴを、尾の方から包丁の刃先を入れ、そぐように切り取る。

2 かまの下から指を入れて、えらを外に押し出し、包丁の先で引っ張り出して取る。

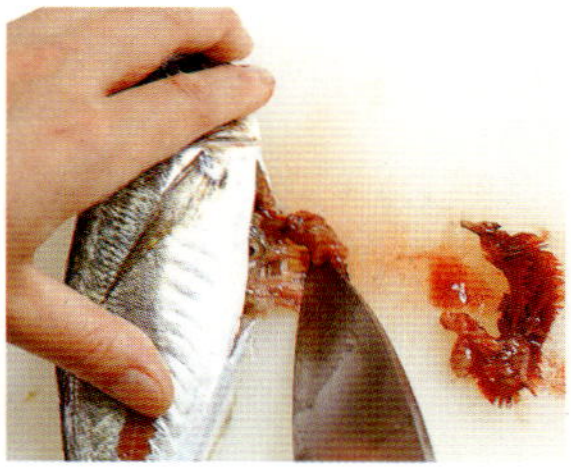

3 裏身の腹側の胸びれの下へ、腹のラインと平行に3～4㎝長さの切り目を入れる。そこから包丁の刃先を入れて腹わたをかき出して取る。

4 腹の中をよく洗い、水気をふく。

いわしの下ごしらえ（煮物用）

1 まな板の上にぬらした新聞紙を敷き、その上にいわしを置き、包丁で大きなうろこだけ、ざっとこそげとる。

2 頭を切り落とす。

3 腹を三角に切り落とす。

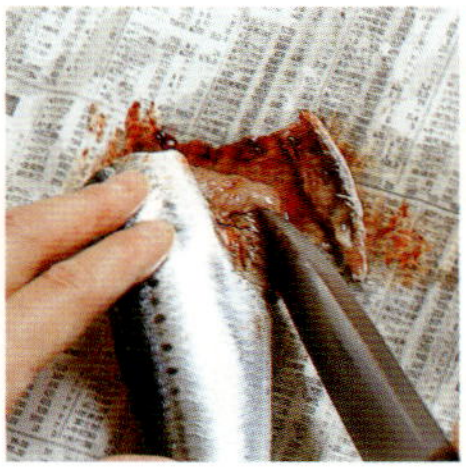

4 包丁の先で内臓をかき出したら新聞紙に包み、新聞紙ごと始末する。

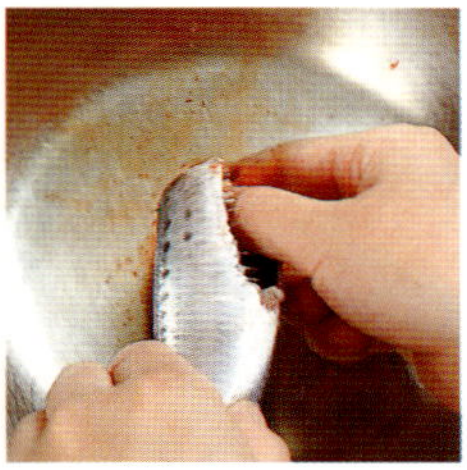

5 腹の中をよく水洗いする。

飾り包丁（さば）

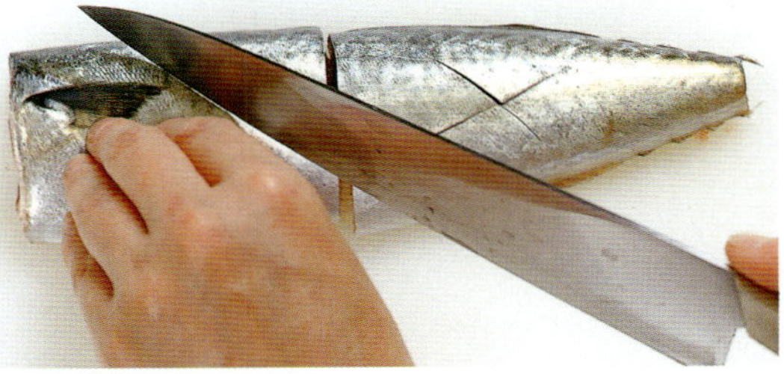

皮に斜め十文字に切り込みを入れる。飾り包丁によって火の通りが早くなり、皮がはじけるのを防げる。

小骨を抜く（たら）

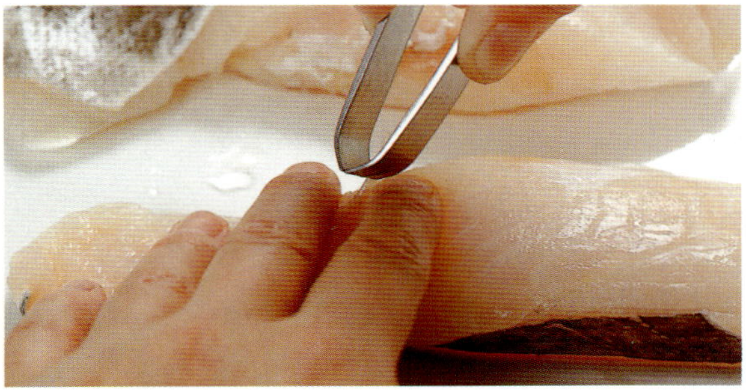

身が割れないように片手で軽く押さえながら、骨抜きで小骨を抜く。

この本の使い方

●60種類のレシピを和・洋・中華の順に並べ、さらに素材別に肉・魚介・卵・豆腐・野菜料理・その他の順にご紹介しています。材料から料理を探したいときは、巻末の主材料別さくいん（P158）、料理名から探したいときは50音順さくいん（P159）をお使いください。

●巻頭と第二章で、料理の基本をご紹介しています。レシピを読んでいてわからないことがあったら、見てみましょう。

●調味料をマークで表示しています。

大さじ＝、小さじ＝

×２＝大さじ２杯のことです。

●火加減をマークで表示しています。

強火、中火、弱火

のマークを参考にしてください。

お料理の前に

●この本で使用した計量の単位は、１カップ＝200㎖、大さじ１＝15㎖、小さじ１＝５㎖です。

●加熱時間は、電子レンジは600Wのものを強で使った場合、オーブントースターは500Wのものを使った場合をめやすにしています。機種によっても多少差が出ることがありますので、様子を見ながら加減してください。

●材料は２人分、カロリーは１人分を表示しました。一部、作りやすい分量が２人分ではない場合、その旨を記載しています。

●基本的にフライパンはテフロン加工のものを使用しています。鉄のフライパンを使う場合は、テフロン加工のものより焦げつきやすいので、炒め油の量をやや多めにしてください。

●野菜などの材料で、特に記載がない場合は、中ぐらいの大きさを基準にしてください。

第一章

基本の60レシピ

この本でご紹介するのは
どれもおなじみの、
誰でも知っているお料理ばかりです。
焼くだけ、ゆでるだけで
あっという間にできる簡単メニューから
少し手のこんだご馳走まで
これだけ知っていれば
絶対困らない60種類を選びました。
お料理はじめてという方にもわかりやすいよう、
作り方はシンプル。でも味は本格的です。
ぱらぱらっとページをめくってみて
今夜はこれが食べたい！
これがおいしそう！
と目にとまったものから、
挑戦してみてください。

基本はやっぱり 和食

素材を最大限に生かしたシンプルさが和食の魅力です。
旬の素材を使い、調理法も季節によって違ってきます。
ごはんと汁物、主菜と副菜の組み合わせで
バランスよく栄養がとれ、
魚介類や野菜料理の種類が多いのでとてもヘルシー。
油脂を使う量が比較的少なく、
低カロリーでもあります。
毎日食べても飽きない、ほっとする味ばかりです。

和食の基本テクニック

（焼く）

肉・魚を焼くときは、仕上がりをきれいにするため、盛りつけるとき表になる側から焼き始める。焼き色をつけるまで強火、じっくり中まで火を通すあいだは中火で。

（だしをとる）

煮干だし、昆布だし、昆布とかつおぶしのだしが基本（次ページ参照）。

（煮る）

煮物はだしが基本。煮干だしか、昆布とかつおぶしのだしをとり、調味料はさ（砂糖）、し（塩）、す（酢）、せ（しょうゆ）、そ（みそ）の順に入れる。砂糖を最後に入れても味がしみにくい。

（揚げる）

素材によって揚げる温度が違う。野菜は低温〜中温でじっくりと、魚介類は高温でからりと（温度を見分けるめやすはP149参照）。

（和える）

材料の水気をしっかり絞り、下味をつけるのがポイント。下味をつけてからもう一度絞り、和える。

和食には欠かせない 基本のだし

和食の基本、だし。だしのとり方は決して難しくありませんし、時間もそんなにかかりません。
ちゃんとだしをとって作った料理は、やはりひとあじ違うもの。ぜひチャレンジしてみてください。

昆布だし（水出し）

すっきりとおとなしい味のだしです。ふろふき大根や塩味の炊き込みご飯など、かつおの味を邪魔に感じる時に使います。鍋物のベースとしても。

1 5cm×20cm程度の昆布の表面をふきんなどで軽くふき、汚れを落とす。白い部分はうま味成分なのでそのままで。

2 鍋にカップ10の水を入れて①を加え、そのまま30分ほどおく。

3 昆布をそっと引き上げ、できあがり。

煮干しだし

みそ汁、煮物などに使います。生臭みが出ないよう、煮干しの頭とワタを取ります。

1 煮干しの頭を取る。

2 半分に裂いてわた（腹の黒い部分）を取り除く。

3 鍋に水を入れ、煮干しを加えて最低10分おく。

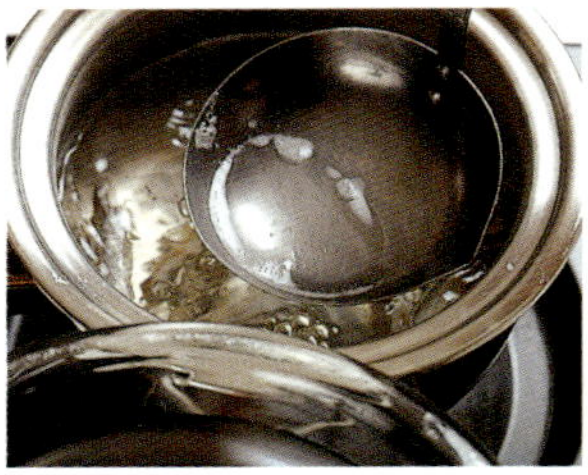

4 鍋を中火にかけて沸騰させ、アクを取りながら5～7分煮出して煮干しを引き上げる。

昆布とかつおぶしのだし（一番だし）

繊細で上品な味のだしです。だしの味自体を味わいたい吸い物などに使います。冷蔵庫で２日ほど持ちます。昆布は沸騰直前に取り出してください。そのままにしておくと昆布の雑味が出てしまいます。

1 5cm×20cm程度の昆布の表面をふきんなどで軽くふき、汚れを落とす。白い部分はうまみ成分なのでそのままで。

2 鍋にカップ５の水と①を入れ、中火にかける。

3 沸騰する直前に昆布を引き上げる。

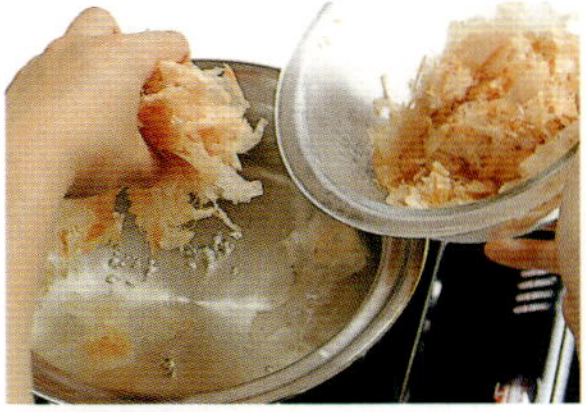

4 ③にかつおぶし15ｇを入れる。沸騰したらアクを取り、火を止める。

5 すぐにこし器にふきんをのせ、④を静かにこす。

6 ふきんをそっと絞る。あまり絞ると臭みが出るのでほどほどに。

7 出来上がり。

二番だし

一番だしで使った材料はまだだしが出るので、もう一度、だしを取ります。煮物などにどうぞ。追いがつお（かつおぶしを足す）をすることでより風味が出ます。

1 鍋にカップ３の水と一番だしで使った昆布（一番だしの③）、かつおぶし（一番だしの⑥)を入れて中火にかける。

2 より風味を出したい場合は、新しいかつおぶしを10ｇ程度、加える（追いがつお）。

3 沸騰させて２～３分、そのままに。途中、アクをすくう。

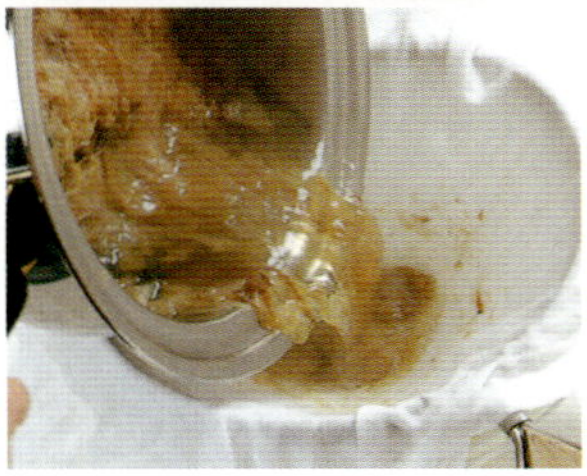

4 こし器にふきんをのせ、③を静かにこす。ふきんをそっと絞る。

5 一番だし（右）と二番だし（左）。一番だしのほうが澄んでいる。二番だしはみそ汁や煮物、そうざい用に使う。だしを取り終わったかつおぶしや昆布は佃煮などに利用できる。

しょうが焼き

ここがコツ

●肉の筋を切っておくと、焼いたときに肉が縮みません。

●フライパンの脂をペーパータオルでふき取ってからたれを入れると、肉にたれがきれいにからみます。

●キャベツは切る前に冷水につけます。切ってから水にさらすと栄養がとけ出します。

材料 ● 2人分

一人あたり 444 Kcal

豚ロース肉（しょうが焼き用）…200ｇ
サラダ油………………大さじ１

たれ

A
- おろししょうが…大さじ１
- しょうゆ……大さじ１⅓
- みりん、酒…各大さじ１
- 砂糖、ごま油…各小さじ１

つけあわせ

キャベツの葉……３～４枚
黄ピーマン………………⅓個

下ごしらえ

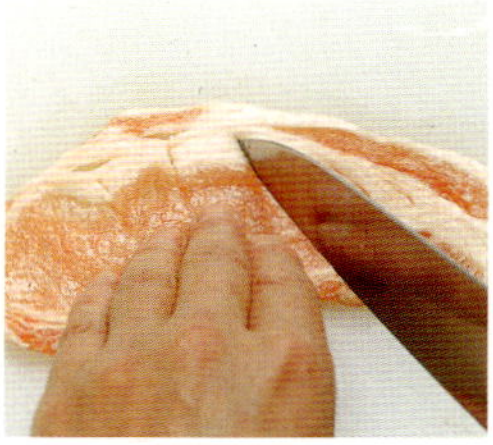

1 豚肉は脂と肉の間の数カ所に、片面から包丁を入れて筋を切る。こうすると肉が縮みにくい。

2 ボウルにたれの材料Aを入れ、よく混ぜ合わせる。

- おろししょうが ×1
- しょうゆ ×1⅓
- みりん・酒 各 ×1
- 砂糖、ごま油 各 ×1

3 ボウルに冷水を入れ、キャベツを5分ほどつけてパリッとさせる。

4 キャベツを重ねて巻いてまな板にのせ、千切りにする。

5 黄ピーマンを縦半分に切ってヘタと種を取り、長さを半分に切って千切りにする。

6 ④と⑤を合わせる。

7 器に盛る。

焼く

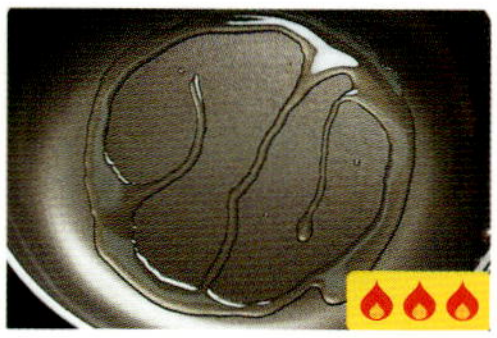

8 フライパンを強火にかけ、サラダ油を熱する。

- サラダ油 ×1

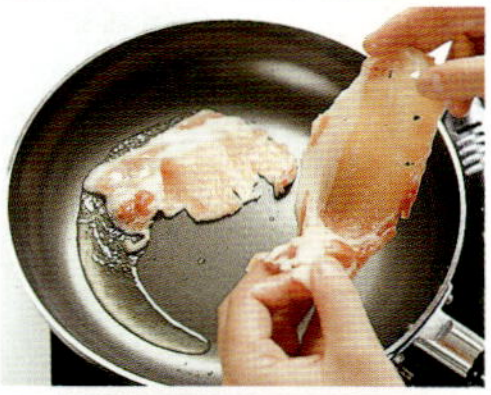

9 ①の肉を広げて並べ入れる。

10 両面、きれいな焼き色がつくまで焼いて火を通す。

11 ⑩のフライパンの脂をペーパータオルでふき取り、肉を取り出す。

12 ⑪のフライパンに②のたれを入れて中火で煮立たせる。

13 たれにつやが出てくるまで煮立たせる。

仕上げ

14 肉を戻し入れて全体にからめ、⑦の器に盛る。

ひとくちメモ

つけあわせの野菜をたっぷり、肉で包んでいただきましょう。

鶏の鍋照り焼き

ここがコツ

●焼く前、鶏肉の皮全体に包丁の先で切れ目を入れておくと、皮が縮まず味がよくしみます。

●たれの材料はあらかじめ合わせておきましょう。一気に加えることで味が均等にからみます。

●焼きあがった鶏肉はすぐに切ると美味しい肉汁が流れてしまうので、4～5分おいて粗《あら》熱《ねつ》を取ってから切ります。

材料●2人分

一人あたり 475 Kcal

鶏もも肉……………………大1枚（300ｇ）
塩、こしょう……………………各少々
ピーマン……………………4個

たれ

A
- 酒、水……………………各¼カップ
- みりん……………………大さじ2
- しょうゆ……………………大さじ2弱
- 砂糖……………………大さじ1
- しょうがの薄切り……………………1枚

下ごしらえ

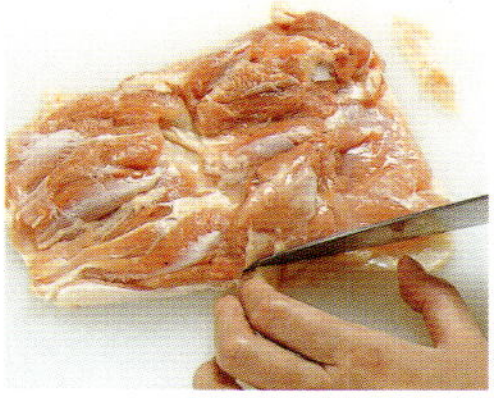

1 鶏肉についている余分な脂肪を切り取る。

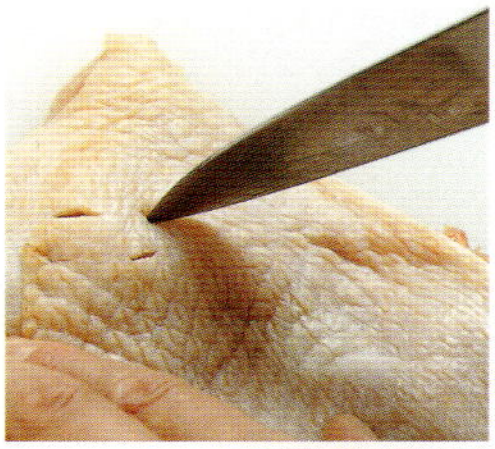

2 包丁の先で皮全体に小さな切り目を入れる。

3 全体に塩、こしょうをふる。

4 ピーマンを縦半分に切り、種とヘタを取って横に千切りにする。

5 ボウルにたれの材料Aを入れ、混ぜ合わせる。

酒、水 各¼カップ
みりん ×2 砂糖 ×1
しょうゆ ×2弱
しょうがの薄切り 1枚

焼く

6 フライパンを中火にかけて熱し、油をひかずにそのまま鶏肉の皮を下にして入れ、フライパンをゆすりながら焼く。

7 皮にこんがりと焼き色がついたら、裏返して⑥と同じように2～3分焼く。

8 ペーパータオルで鶏肉から出た脂をふき取る。

9 ⑤のたれを加えてひと煮立ちさせる。

10 出てきたアクをスプーンなどで取る。

11 アクを取ったらふたをして弱火にし、6～7分蒸し焼きにする。

12 鶏肉に竹串を刺して抜き取り、澄んだ肉汁が出てきたら中まで火が通っている。

13 ⑫に④のピーマンを加え、鶏肉の上下を返してたれをからめ、火を止める。

仕上げ

14 4～5分おいて粗熱を取り、鶏肉を厚さ1cmに切って器に盛り、残りのたれをかけて脇に⑬のピーマンを添える。

鶏の唐揚げ

ここがコツ

- 下味をつける時、調味料と肉をポリ袋に入れてもみ込むと、少ない調味料でもしっかり味がつきます。
- 竹串が唐揚げにスッと通れば、中まで火が通っている証拠です。
- 最後に揚げ油を少し高めの温度に上げると、カラッと仕上がります。

材料 ● 2人分

一人あたり 586 Kcal

鶏もも肉…大1枚（300～350ｇ）

下味

A
- しょうゆ……………大さじ1
- 酒……………………大さじ½
- 塩……………………小さじ⅓
- にんにく……………1かけ
- 長ねぎの青い部分……1本分
- しょうが……………1かけ

片栗粉……………………大さじ2
パセリ、揚げ油…………各適量
好みで粉山椒………………少々

下ごしらえ

1 鶏肉についている余分な脂肪を切り取る。

2 皮の方に包丁の先で所々、切り込みを入れる。

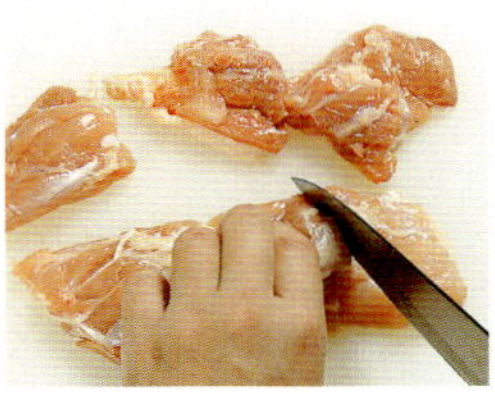

3 ひと口大より少し大きめに切る。

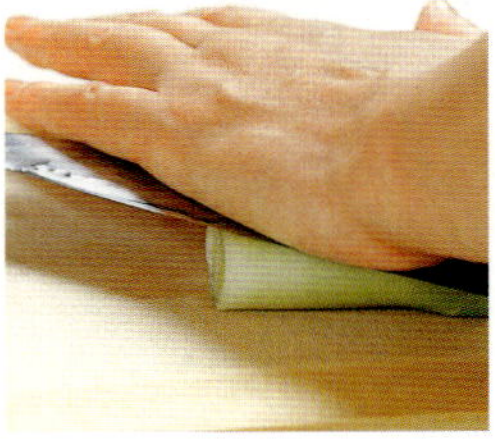

4 にんにくとねぎは包丁を寝かせるようにして、上から押すようにつぶす。しょうがは皮をむき、すりおろす。

5 ポリ袋に③の鶏肉と下味の調味料Aを入れ、袋の上から手でよくもみ込む。さらに④も加えて袋の口を絞り、30分ほどおく。

しょうゆ 大さじ×1
酒 大さじ×½　塩 小さじ×⅓
しょうが、にんにく、長ねぎ

6 ⑤の袋からにんにく、長ねぎを取り出し、片栗粉を入れて鶏肉全体にまんべんなくからむようにもむ。

揚げる

7 フライパンに2～3㎝深さに揚げ油を入れて180℃に熱する（鶏を入れてみて、鍋の中ほどまで沈んでから浮き上がってくるのがめやす）。肉をひと切れずつ、皮を外側にして包むように、形を丸く整えて入れる。

8 表面がきつね色になれば、そろそろ大丈夫。

9 試しに肉を一つ菜箸《さいばし》ではさみ、竹串を刺してみる。スッと通ったら火が通っている。仕上げに火を少し強め、表面をカリッとさせる。

仕上げ

10 油をきって器に盛り、パセリを添え、好みで粉山椒をふる。

ひとくちメモ

油の温度は、衣やパン粉などを少し落としてみて、その状態をめやすにします。

- 160℃は鍋底について2～3秒で上がってくる。
- 170℃は鍋底についてすぐ上がってくる。
- 180℃は底につかず、中ほどまで沈んでから上がってくる。
- 185℃以上は沈まずに油の表面で散る。

ここがコツ

●あじは尾のきわから頭に向かって固いウロコ状のゼイゴが両面についています。そのままにすると食べた時に違和感があるので、初めに取り除きます。

●皮に浅く切り込み（飾り包丁）を入れておくと、皮がはち切れることなくきれいに焼き上がり、火も早く通ります。

●胸びれ、尾びれに粗塩《あらじお》をつけて焼くと、焦げずに形がそのまま残ります（化粧塩）。粗塩は湿り気があるのでつけやすいのです。

あじの塩焼き

材料 ● 2人分　一人あたり 103 Kcal

あじ……………………………………………… 2 尾
粗塩（粒子の大きい塩）………………小さじ 1
大根…………………………………………100 g
すだち……………………………………… 1 個
しょうゆ ……………………………………少々

下ごしらえ

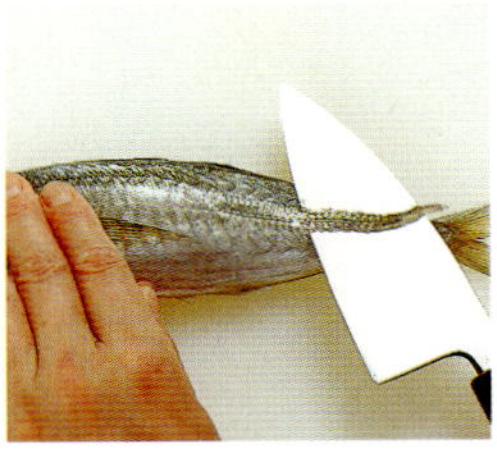

1 あじの両面についているゼイゴを、尾の方から包丁の刃先を入れ、そぐように切り取る。

2 かまの下から指を入れて、えらを外に押し出し、包丁の先で引っ張り出して取る。

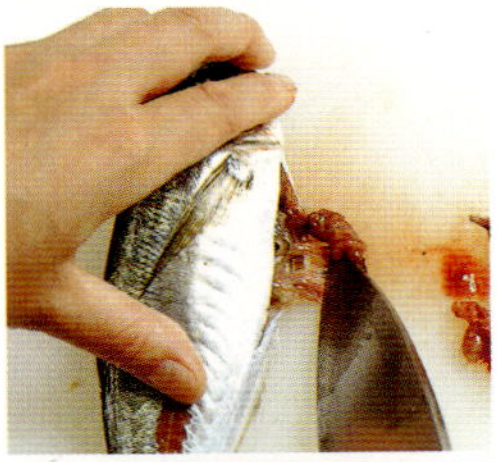

3 裏身の腹側の胸びれの下へ、腹のラインと平行に長さ 3 ～ 4 ㎝の切り目を入れる。そこから包丁の刃先を入れて腹わたをかき出して取る。

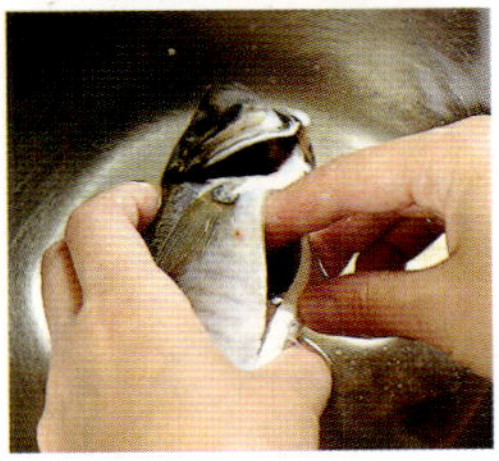

4 腹の中をよく洗い、ペーパータオルなどで水気をふく。

5 両面に一本ずつ、斜めに浅く切り目を入れる。

6 胸びれ、尾びれにたっぷりと粗塩（分量外）をつける。

焼く

7 塩を30㎝ほど上から表裏にふりかけ、熱したグリルに入れ、両面をこんがりと焼く。

塩 ×1

仕上げ

8 あじを焼いている間に大根の皮をむき、すりおろす。焼けたら器に盛り、大根おろしを添えてしょうゆ少々をかけ、半分に切ったすだちを添える。

ひとくちメモ

魚は頭を左、腹を手前にした時、上になる方が表身、下になる方が裏身です。

魚を一尾で買うときは、目が澄んでいるものを選びましょう。目に血がにじんでいたり、黒っぽい色をしていたら鮮度が落ちている証拠。さらに皮がピンと張って光っているものなら新鮮です。

ぶりの鍋照り焼き

ここがコツ

- 小麦粉をつけてから焼くので、甘辛だれがしっかりぶりにからみます。
- 焼いた時にぶりから出る脂は臭みがあるので、ペーパータオルでしっかりふいてから、たれを入れましょう。
- スプーンでたれをすくってぶりにかけながら焼くと、よく味がしみこみます。

材料 ● 2人分

一人あたり 329 Kcal

ぶり切り身……………………2切れ（200ｇ）
サラダ油……………………………大さじ½
長ねぎの白い部分……………………8㎝
小麦粉、貝割れ菜……………………各適量

たれ

A［しょうゆ、みりん、酒………各大さじ1
　 砂糖………………………………小さじ½

下ごしらえ

1 ボウルにたれの調味料Aを入れ、混ぜ合わせる。

しょうゆ、みりん、酒 各 ×1
砂糖 ×½

2 白髪《しらが》ねぎを作る。長ねぎに縦に切り目を入れて芯を取り除く。

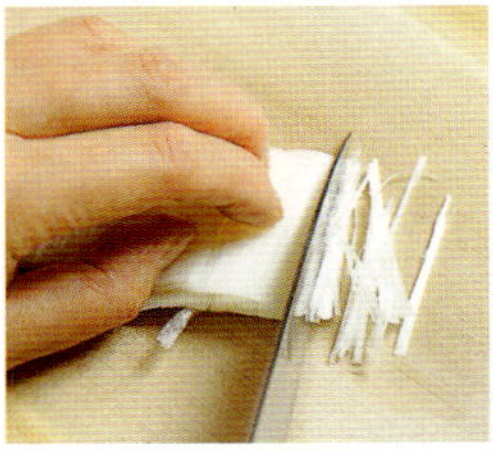

3 さらに長さを半分に切って重ね、縦に千切りにしたら、洗って水気をきる。

4 貝割れ菜の根を切り落とし、半分の長さに切る。

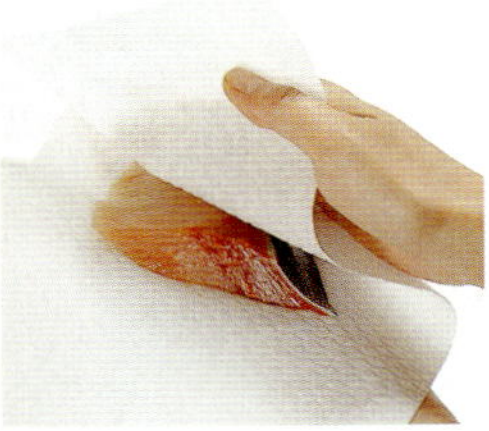

5 ぶりをペーパータオルでふいて水気をとる。

6 ⑤に小麦粉を薄くまぶし、余分な小麦粉をはたいて落とす。

焼く

7 フライパンを中火にかけ、サラダ油を入れて熱する。

サラダ油 ×½

8 ぶりを皮の面を下にしてフライパンに入れ、焼く。

9 こんがりと焼き色がついたら裏返し、中に火が通るまで焼く。

10 フライパンに出てきた脂をペーパータオルでふき取る。

仕上げ

11 ⑩のフライパンに①のたれを加え、火をやや弱くしてつやが出るまで煮詰めながらぶりにからめる。器にぶりを盛ってフライパンに残ったたれをかけ、③の白髪ねぎ、④の貝割れ菜を合わせて添える。

ひとくちメモ

ぶりは冬が旬。「寒ぶり」という呼び方もあるほどで、脂がのっておいしいぶりが店頭に並びます。照り焼きのほかにも、ぶりでポピュラーな料理といえば、ぶり大根。ぶりを濃いめのだしで煮て、その煮汁を、やわらかくゆでた大根に吸わせればできあがり。冬にぜひ作りたい料理のひとつです。

さばのみそ煮

ここがコツ

●煮魚は、煮汁を煮立ててから魚を入れないと魚臭みが残るので、注意しましょう。
●さばは骨付きの方がいいだしが出るので、骨付きを選びましょう。
●みそは煮汁でゆるめてから加えると、固まったまま鍋に残ることがありません。
●煮る時に入れるしょうがの皮は臭み取り、食べる時に添えるしょうがはさわやかさをプラスします。

材料 ● 2人分　一人あたり 264 Kcal

さば（2枚におろしたもの）……………½尾分
しょうが…………………………………1かけ

煮汁

A
- 酒………………………………¼カップ
- 水……………………………1 ¼カップ
- みそ……………………………大さじ2
- 砂糖、みりん………………各大さじ1

下ごしらえ

1 さばの半身の長さを半分に切る。

2 皮に斜め十文字に切り込みを入れる。

3 しょうがは厚めに皮をむき(皮はとっておく)、薄切りにしてから繊維にそって千切りにする。

4 ③の千切りしょうがを水洗いして固く絞る。

煮る

5 浅鍋にAの酒と水を入れて煮立てる。

酒 ¼カップ
水 1 ¼カップ

6 ⑤の鍋にさばの皮を上にして入れ、③のしょうがの皮を加えて中火で3～4分煮る。

7 ボウルにAのみそ、砂糖、みりんを入れ、⑥の煮汁をおたまで2杯ほど加えて混ぜ合わせる。

みそ ×2
砂糖、みりん 各 ×1

8 ⑦を鍋に回し入れる。

9 落としぶたを水でぬらしてかぶせ、さらに7～8分煮る。

10 煮つまってきたら、底の煮汁をスプーンですくってさばにかけながら煮る。

仕上げ

11 煮汁を少し残して火を止め、しょうがの皮を取り除く。器に盛って残りの煮汁をかけ、④のしょうがを乗せる。

ひとくちメモ

煮魚は、鍋から取り出すときにくずれてしまうことがあります。フライ返しにのせて箸で押さえながら取り出すと、きれいにお皿に移すことができます。

ここがコツ

●弱火で煮ないこと。魚は煮汁を煮立たせてから入れないと、魚臭さが残ります。
●少なめの煮汁で仕上げに煮汁をかけながら煮ると、魚につやがでておいしそうに。

材料 ● 2人分

一人あたり 296 Kcal

かれい切り身…………2切れ
長ねぎ…………………………1本
しょうが…………………1かけ

煮汁

A
- 水…………………1カップ
- 酒…………………¼カップ
- みりん、しょうゆ…各大さじ2
- 砂糖……………大さじ1

かれいの煮付け

下ごしらえ

1 長ねぎを長さ5～6㎝に切る。

2 しょうがを薄切りにする。

3 かれいの皮のうろこを包丁でそぐようにとり、皮に斜め十文字に切り込みを入れる。

煮る

4 鍋にAの酒とみりんを入れて中火で煮立て、アルコール分を飛ばす（これを煮きるという）。

酒 ¼カップ
みりん ×2

5 ④にAの水、砂糖、しょうゆを加えて火を強め、煮立たせる。

水 1カップ　しょうゆ ×2
砂糖 ×1

6 ⑤の鍋にかれいの表を上にして入れ、①の長ねぎ、②のしょうがを入れる。

7 煮立ってきたらアクをすくい取る。

8 落としぶたを水でぬらしてかぶせる。

仕上げ

9 約10分煮たら落としぶたを取り、かれいに煮汁をかけながら煮て、照りをつけて煮上げる。

ひとくちメモ

ここで使ったかれいは、真子がれい。夏が旬です。切り身で売っていますが、肉厚で細かいうろこがきれいにビッシリと並んでいるものを選びましょう。ちなみに、秋冬から春にかけて店頭に並ぶのは、真がれいです。

いわしの梅干し煮

ここがコツ

●きれいに煮上げるにはいわしの表になる方（頭が左、腹が下）を上にして並べ入れ、途中、上下を返さないこと。何回も上下を返すと身がくずれてしまいます。

●梅干しの果肉はちぎって加えると、塩分と酸味が効果的に生かせます。

●煮汁は少なめなので、スプーンなどで煮汁をかけながら煮るとつやよく煮ることができます。

材料●2人分　一人あたり 305 Kcal

いわし……4尾
梅干し……大1個
にんにく……2かけ

煮汁

A
- 水……1カップ
- 酒……¼カップ
- しょうゆ、みりん……各大さじ1½
- 砂糖……小さじ1

下ごしらえ

1 まな板の上に水でぬらした新聞紙を敷き、いわしを置き、包丁の先でうろこをそぐようにとる。

2 頭を切り落とす。

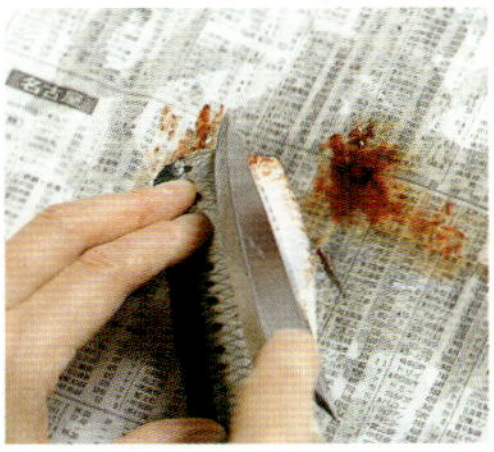

3 腹を三角に切り落とす。

4 包丁の先で内臓をかき出したら新聞紙に包み、新聞紙ごと始末する。

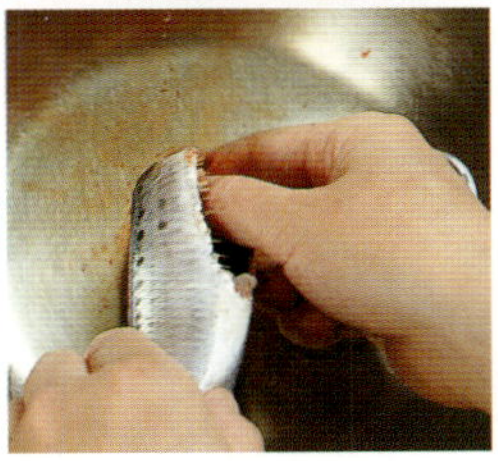

5 いわしの腹の中を水でよく洗う。

6 ペーパータオルで水気をふく。

7 梅干しは果肉をちぎり（種は取っておく）、にんにくは皮をむいて、包丁を寝かせるようにして上から押しつぶす。

煮る

8 Aを混ぜ合わせ、浅鍋に入れて中火にかけ、煮立てる。

水 1カップ　酒 ¼カップ
しょうゆ、みりん 各 ×1½
砂糖 ×1

9 煮立った⑧の鍋にいわしを並べて入れる。

10 ⑦の梅干しの果肉と種、にんにくを加える。

11 もう1度煮立ったら落としぶたを水でぬらしてかぶせ、さらに煮る。

仕上げ

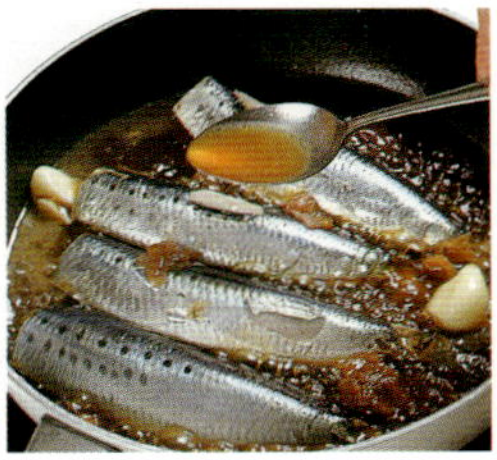

12 7～8分煮てふたを取り、いわしに煮汁をかけながらつやよく煮上げる。梅干しの種を取り除き、器に盛る。

ひとくちメモ

いわしやさんまの場合、尾のきわの身がはがれてきたら、中まで火が通った証拠です。

新聞紙を敷き、その上で作業するとまな板が汚れず合理的。最後に内臓などを包んでそのまま捨てます。

さばの竜田揚げ

ここがコツ

- ●さばの汁気をきれいにふき取ってから、片栗粉をまぶしましょう。汁気があると片栗粉が均等につかず、きれいに揚がりません。
- ●揚げ油を高温にすると焦げやすいので、揚げながら様子をみて、すぐに色がつきすぎるようなら、火加減を弱めます。
- ●もし残ったら、サラダドレッシングに漬けてマリネするのもおすすめです。

材料 ● 2人分　一人あたり 330 Kcal

さば（3枚おろしのもの）	1尾分
下味	
A 酒、みりん	各大さじ1
A しょうゆ	大さじ2½
A しょうがの絞り汁	小さじ1½
大根	100g
七味唐辛子	少々
片栗粉、しょうゆ、揚げ油	各適量

下ごしらえ

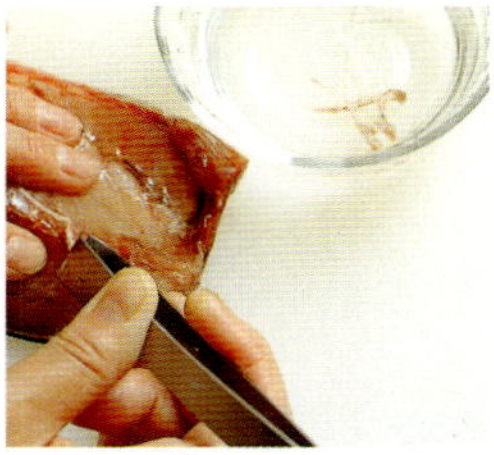

1 さばの身が割れないよう手で押さえながら、骨抜きで小骨を抜き取る。

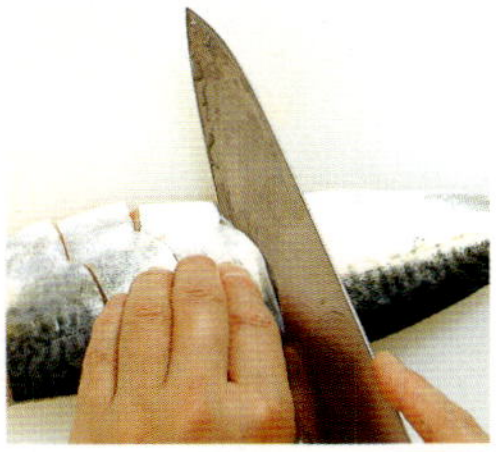

2 2～3㎝幅のそぎ切りにする。

3 ボウルにAを入れ、混ぜ合わせる。

- 酒・みりん 各 ×1
- しょうゆ ×2½
- しょうがの絞り汁 ×1½

4 ③にさばを漬け込んで15分位おく。

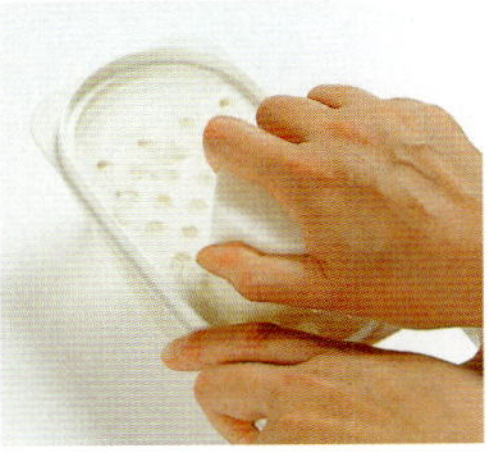

5 大根の皮をむいてすりおろす。

6 ⑤の大根をざるに上げ、軽く水気をきっておく。

揚げる

7 ④のさばを取り出し、ペーパータオルで汁気をふく。

8 ⑦に片栗粉を薄くまぶし、余分な片栗粉をはたいて落とす。

9 揚げ油を170℃に熱し（さばを入れてみて、鍋底についてすぐに上がってくるのがめやす）、色よくカラッと揚げる。

仕上げ

10 器に盛って⑥の大根おろしを添え、その上から七味唐辛子をふる。好みでしょうゆ少々を落とす。

ひとくちメモ

さばは、目がきれいに澄んでいるものを選びましょう。皮がピンと張って、皮の表面にさば紋（ブルーとシルバーの模様）がはっきりきれいについているものが新鮮です。

竜田揚げは色が赤く仕上がるので、もみじの名所、奈良県の竜田川にちなんでこの名前がつけられたということです。

天ぷら

ここがコツ

- 衣の状態が天ぷらの仕上がりを左右します。衣を作る時は冷水を使い、混ぜすぎも禁物です。衣に粘りが出ると、カラリと揚がらないのです。
- えびはまっすぐに伸ばして揚げればぐんとボリュームアップします。

材料 ● 2人分 一人あたり 573 Kcal

えび、開ききす……各4尾
なす……1個
かぼちゃ……100g
青じそ……4枚

衣

A［ 卵1個と冷水で1カップ
　 小麦粉……1カップ

天つゆ

B［ みりん、しょうゆ……各大さじ2
　 だし汁……¾カップ

大根おろし、酒、小麦粉、揚げ油……各適量

下ごしらえ

1 えびは、尾から一節分を残して殻をむく。

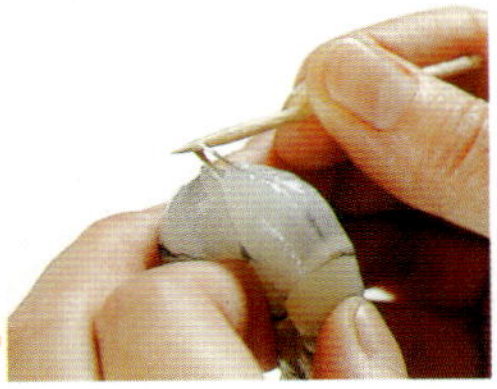

2 つまようじなどを横から背中にさしこみ、そっと持ち上げて黒っぽい背ワタを取る。

下ごしらえ

3 尾の先を斜めに切り落とす。

4 尾を指で押さえて尾の中の水を出す。このとき水を抜いておかないと、揚げ油の中ではねてしまう。

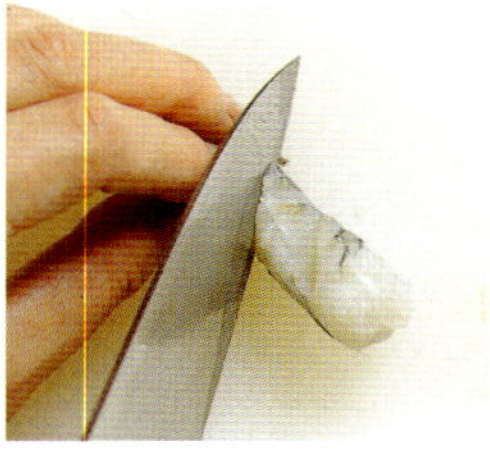

5 腹側に３本斜めに切れ目を入れる。

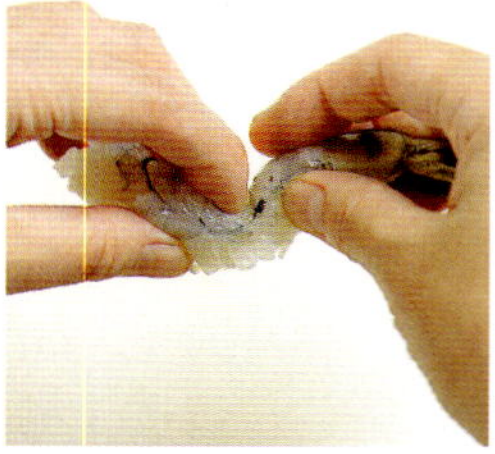

6 背側に曲げて筋を切る（ぷちっと音がする）。

7 えびの身をまっすぐに伸ばす。写真下が伸ばした状態。

8 きすに酒をふりかけ、２～３分おいてから、水気をふく。

酒 ×1

9 なすのヘタを切り落とす。

10 さらに厚さ１㎝の斜め切りにする。

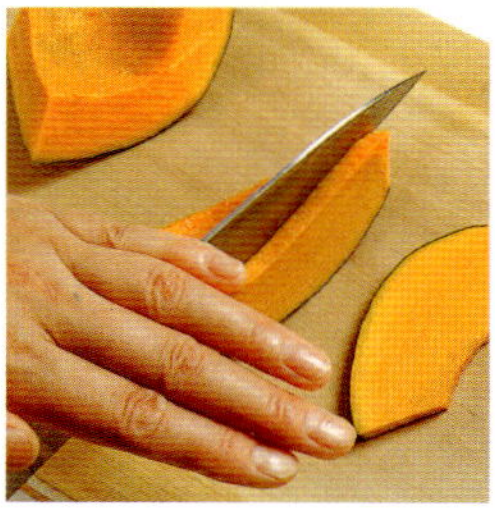

11 かぼちゃの種とワタを取り、食べやすい大きさのくし型に切る。

衣を作る

12 Aの卵を計量カップに入れて溶きほぐす。

13 冷水（分量外）を足して１カップにし、ボウルに入れる。

14 Aの小麦粉をふるいながら加える。

15 菜箸の太い方でざっと混ぜ、使うまで冷蔵庫で冷やしておく。

天つゆを作る

16 この間に天つゆを作る。Bのみりんを鍋に入れて中火にかけ、煮立ててアルコール分をとばす。

みりん 大さじ×2

17 Bのしょうゆとだし汁を加え、ひと煮立ちさせる。

しょうゆ 大さじ×2
だし汁 ¾カップ

揚げる

18 えび、きす、なす、かぼちゃ、青じそに、小麦粉をふるいながら薄くまぶす。

19 揚げ油を160℃に熱し（ひとくちメモ参照）、青じその葉の裏に⑮で冷やしておいた衣をつけて入れる。

20 葉がパリッとなるまでゆっくり揚げる。

21 揚げ油の温度を170℃に上げ、⑱のなすとかぼちゃに衣をつけて順に揚げる。

22 揚げている途中で出る天かすは、こまめにすくいとる。

23 揚げ油の温度を180℃に上げ、⑱のえびの尾を持って身に衣をつけ、揚げる。

24 ⑱のきすに衣をえびと同じようにつけて揚げる。

仕上げ

25 天ぷらの油をきる。器に天ぷら紙を敷き、天ぷらを盛り合わせる。天つゆと、大根おろしの水気を軽くきって添える。

ひとくちメモ

油の温度は、天ぷらの衣を少し落としてみて、その状態を見ればわかります。
●160℃は鍋底について２～３秒で上がってくる（青じそを揚げる）
●170℃は鍋底についてすぐに上がってくる（なすやかぼちゃを揚げる）
●180℃は底につかず、中ほどまで沈んで上がってくる（えびやきすを揚げる）
●185℃以上は沈まずに油の表面で散る。

かき揚げ　二種

ここがコツ

●かき揚げはフライパンで揚げると鍋底でたねが安定し、きれいな形に仕上がります。
●油の近くまで木べらを近づけ、すべらせるようにたねを入れると、たねがほぐれずまとまって揚がります。
●揚げながらたねが固まってきたら、菜箸で真ん中にザックリと穴を開けると火の通りがよくなります。

材料●2人分　　一人あたり 504 Kcal

A
- 干し桜えび…………10ｇ
- 玉ねぎ…………½個
- 三つ葉…………１束
- 小麦粉…………大さじ½

B
- いか（刺身用）…………50ｇ
- 長ねぎ…………½本
- 生しいたけ…………２～３枚
- 小麦粉…………大さじ½

衣

C
- 卵１個と冷水で１カップ
- 小麦粉…………１カップ

天つゆ

D
- みりん、しょうゆ…各大さじ２
- だし汁…………¾カップ

大根おろし、揚げ油…………各適量

Aの下ごしらえ

1 玉ねぎのへたを切る。

2 横半分に切る。

3 端から薄切りにする。

4 三つ葉の根を切り、3～4㎝長さにざく切りにする。

5 ボウルに③の玉ねぎと④の三つ葉、干しえびを入れ、小麦粉を加えて混ぜ合わせる。

小麦粉 ×½

Bの下ごしらえ

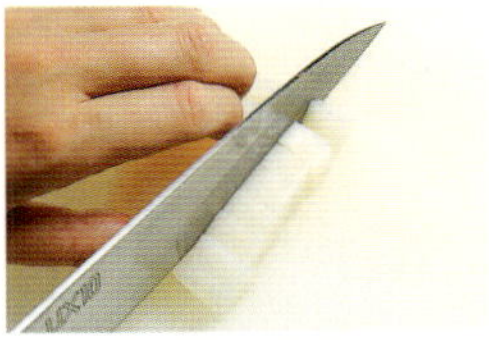

6 いかを1㎝角に切る。

7 長ねぎを厚さ5㎜の小口切りにする。

8 生しいたけの軸を取って1㎝角に切る。

9 ボウルに⑥のいか、⑦の長ねぎ、⑧のしいたけを入れ、小麦粉を加えて混ぜ合わせる。

小麦粉 ×½

衣・天つゆを作る

10 Cの卵を計量カップに入れて溶きほぐし、冷水（分量外）を足して1カップにし、ボウルに入れる。

11 Cの小麦粉をふるって加え、菜箸の太い方でざっと混ぜ、使うまで冷蔵庫に入れておく。

12 Dのみりんを鍋に入れて中火にかけ、煮立ててアルコール分をとばす。しょうゆとだし汁を加え、ひと煮立ちさせる。

みりん、しょうゆ 各 ×2
だし汁 ¾カップ

揚げる

13 衣の半量を⑤のボウル、残りの衣を⑨のボウルに加えてざっくりと混ぜる。

14 フライパンに揚げ油を2～3㎝深さに入れ、170℃に熱する。⑬のたねを食べやすい量、木べらに乗せ、すべらせて油に入れる。

15 固まってきたら菜箸で真ん中にザックリ穴を開ける。

16 浮いてきたら上下を返す。

仕上げ

17 火が通ったらもう1度上下を返し、カラリとなったら油をきる。器に紙を敷いて盛り合わせ、⑫の天つゆと大根おろしを添える。

厚焼き卵

ここがコツ

●卵液を混ぜる時は泡立てないよう、注意してください。空気が入ると卵のコシが抜け、焼き上がりが固くなります。
●火加減の調節と卵焼き器の熱し加減が少し難しいので、何回か挑戦してみましょう。
●巻きすで巻いて形を整えるので、焼いている間に少しくらい型くずれしても大丈夫です。

材料 ● 2人分

一人あたり 257 Kcal

卵……………………………………4個
A
- だし汁、砂糖…………………各大さじ2
- しょうゆ………………………小さじ1
- 塩…………………………………少々

サラダ油……………………………大さじ1

卵液を作る

1 ボウルに卵を割り入れ、菜箸で卵白をつまみ上げて切るようにしてから、全体を泡立てないように静かにほぐす。

2 ①にAを混ぜる。

だし汁、砂糖 大さじ各×2
しょうゆ 小さじ×1 塩少々

焼く

3 卵焼き用の鍋を強火にかけて熱し、サラダ油を入れ、ペーパータオルなどで全体にのばす。

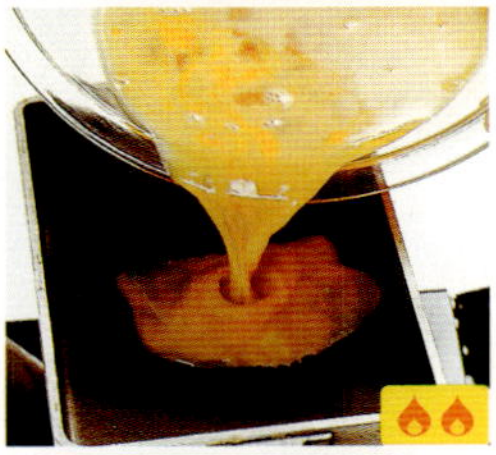

4 中火にして②の卵液の¼量を流し入れる。

5 菜箸で全体に大きく混ぜ、半熟状にする。

6 鍋の手前に寄せる。

7 鍋の向こう側の空いた場所に、ペーパータオルなどを使って油をひく。

8 油をひいた側に卵を移し、卵を焼いていた手前にも薄く油をひく。

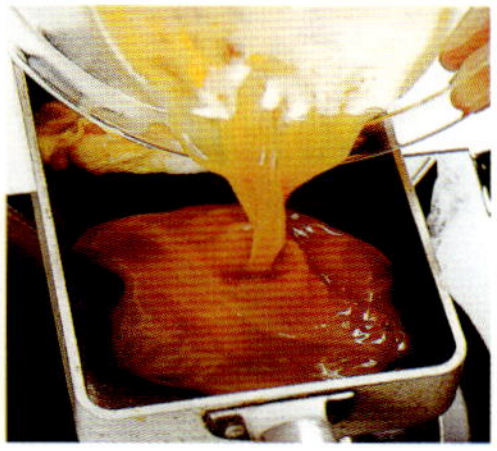

9 いったん火から離して、残りの卵液の⅓量を手前に流し入れる。

10 再び火にかけ、向こう側の卵を持ち上げ、卵の下にも卵液を流し込む。菜箸で膨らんだ部分をつついて空気を抜く。

11 流し込んだ卵液の上面が乾いたら、鍋の向こう側から手前に向かって巻き込む。

仕上げ

12 ⑦〜⑪の作業を繰り返して焼き上げたら、鍋の柄を持って巻きすを添え、ひっくり返しながら巻きすに取る。

13 巻きすで押さえて卵焼きの形を整える。粗熱が取れたら食べやすく切り、器に盛る。

しらす入り炒り卵

ここがコツ

●卵は塩味が強く出る上、しらす干しからも塩分が出るので、塩は控えめにしましょう。
●仕上げは予熱で充分です。最後まで火をつけたまま混ぜると火が通りすぎ、ポロポロしたできあがりになってしまいます。

材料 ● 2人分　一人あたり 178 Kcal

卵	2個
しらす干し	15g
長ねぎ	6cm
青のり粉	小さじ1
塩	少々
サラダ油	大さじ½

下ごしらえ

1 長ねぎは縦に数本切れ目を入れて、小口から切ってみじん切りにする。

2 卵を軽く溶きほぐす。

3 しらす干しと①の長ねぎ、青のり粉、塩を加えて混ぜる。

青のり粉 小さじ ×1
塩 少々

炒る

4 小さなフライパンを中火にかけ、サラダ油を入れて充分熱し、③を一気に入れる。

中火 サラダ油 大さじ ×½

5 菜箸4本を束ねて持ち、外側から内側へ向かってかき混ぜながら炒る。

仕上げ

6 やわらかいそぼろ状になったら火を止め、ぬれふきんに乗せて余熱を防ぎ、軽く混ぜて器に盛る。

ひとくちメモ

しらすの代わりに、細かく切ったアンチョビを加え、サラダ油の代わりにバターで仕上げると洋風の一品に。また、レタスやグリーンサラダなどの上に盛りつければボリュームアップし、彩りもきれいな一品になります。

茶碗蒸し

ここがコツ

●茶碗蒸しは火加減がポイント。強火で蒸すと、すがたって口あたりの悪い茶碗蒸しになってしまいます。初めの1～2分だけ中火にし、あとは火を弱めて。

●蒸す時、蒸し器のふたをきっちりすると温度が上がりすぎるので少しずらし、湯気を逃します。

●蒸し器がなければ、鍋の底にふきんかキッチンペーパーをたたんでおき、その上に茶碗を乗せます。そして湯を茶碗の高さの半分くらいまでそそいで中火にかけます。煮立ったらふたを少しずらしてかぶせ、ごく弱火にして7～8分ほど蒸します。

材料 ● 2人分　一人あたり 114 Kcal

えび……4尾
鶏ささみ……1本
A 酒……小さじ2
A 塩……少々
生しいたけ……2枚
三つ葉……4～5本
ゆで銀杏（市販品）……4粒

卵液

B 卵……1個
B だし汁……180mℓ
B 塩……小さじ¼
B 淡口しょうゆ……小さじ½
B みりん……小さじ1

下ごしらえ

1 えびの殻を全部むく。

2 つまようじなどを横から背中にさしこみ、そっと持ち上げ背ワタを取る。

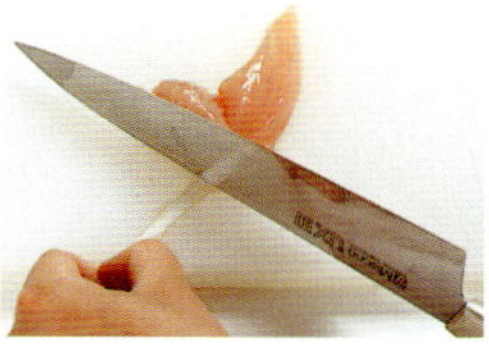

3 鶏ささみの筋のついている方を下にしてまな板に置く。手前に出ている筋を片手で押さえ、包丁の背を身と筋の間に入れて押し、筋をひっぱるようにして取る。

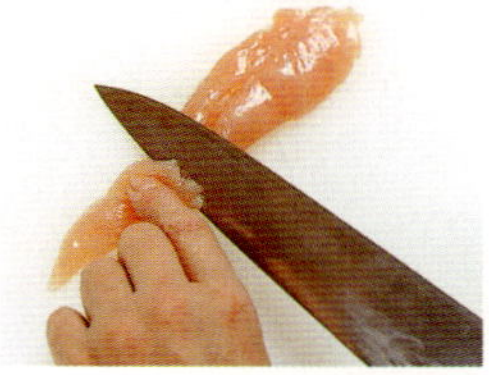

4 ③のささみをひと口大のそぎ切りにする。

5 ②のえびと④のささみを一緒に皿に乗せ、Aをふる。

酒 ×2
塩 少々

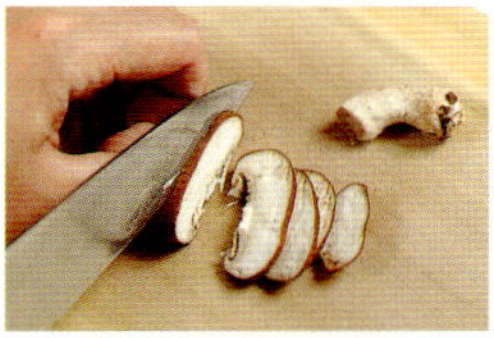

6 生しいたけの軸を取り、薄切りにする。

7 三つ葉を長さ3㎝に切る。

卵液を作る

8 ボウルにBの卵を割り入れてほぐす。

9 Bの調味料を混ぜてから⑧に加え、泡立てないように混ぜ合わせる。

だし汁 180㎖　塩 ×¼
淡口しょうゆ ×½
みりん ×1

10 ザルなどで⑨の卵液をこす。こすことで口あたりがなめらかになる。

11 蒸し茶碗2客に三つ葉以外の具を等分にして入れる。

12 ⑪に卵液を分け入れる。

蒸す

13 湯気の立った蒸し器に⑫の茶碗を入れる。

14 蒸し器のふたに竹串などをはさんで少しずらしてかぶせ、1～2分ほど中火で蒸す。その後、弱火で10分ほど蒸す。

15 茶碗の中央に竹串を刺してみて、澄んだ汁が浮いてきたら、火が通っているので蒸し上がり。

仕上げ

16 火を止めて三つ葉を乗せ、茶碗のふたをする。

肉豆腐

ここがコツ

●肉を豆腐の上にのせて煮るのがコツ。煮すぎて肉が固くなるのを防ぐとともに、豆腐においしい肉汁がしみ込みます。

●煮汁をていねいに豆腐にかけながら煮ると、さらに味がよくしみます。

●強火で煮ると、豆腐にすが入ってしまうので中火で。

●木綿豆腐の代わりに焼き豆腐でもおいしく仕上がります。

材料 ● 2人分　一人あたり 495 Kcal

木綿豆腐……1丁（300ｇ）
牛薄切り肉……150ｇ
わけぎ……½束
えのきだけ……1袋

A
- 酒……¼カップ
- みりん、砂糖……各大さじ2
- しょうゆ……大さじ3と小さじ1
- だし汁……½カップ

下ごしらえ

1 豆腐を８等分に切る。

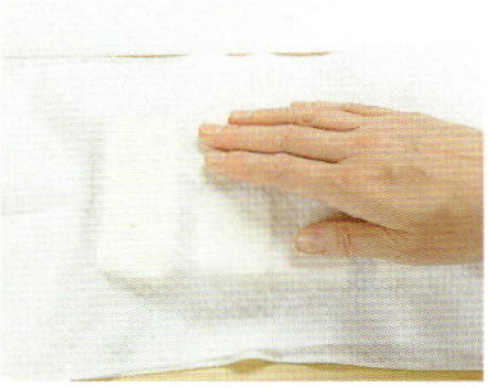

2 ①の豆腐をペーパータオルにはさんで軽く水気をきる。

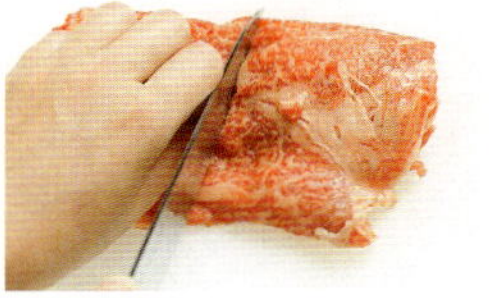

3 牛肉を食べやすい大きさに切る。

4 えのきだけの石づきを切って房をほぐす。わけぎを４～５㎝長さに切り、葉先と白い部分に分ける。

煮る

5 フライパンにAの酒とみりんを入れ、中火にかけて熱し、沸騰させてアルコール分を飛ばす。

酒 ¼カップ
みりん ×２

6 ⑤にAのしょうゆ、砂糖、だし汁を加えて煮立てる。

砂糖 ×２
しょうゆ ×３
だし汁 ½カップ

7 フライパンに③の牛肉を入れ、菜箸でほぐしながらまんべんなく火が通るように煮る。

8 写真のように色が変われば、ほぼ火が通っている。

9 フライパンを傾け、出てきたアクをとる。

10 ②の豆腐と④のわけぎの白い部分を加え、豆腐の上に牛肉を乗せるようにして中火で煮る。こうして肉のうまみを豆腐にしみ込ませる。

11 豆腐が煮汁より上に出ていたらスプーンで煮汁をかけ、豆腐がしょうゆ色になるまで５～６分煮る。

12 フライパンのすみをあけて、残りのわけぎとえのきを入れ、２～３分煮て味を含める。

仕上げ

13 残りのしょうゆを加え、フライパンをゆすって味を全体に回し、器に盛る。

しょうゆ ×１

揚げだし豆腐

ここがコツ

●フライパンを使い、少なめの油で揚げると豆腐が安定してくずれにくく、しかも早く揚がります。

●片栗粉をまぶしたら、すぐに揚げましょう。そうでないと豆腐から水が出て、置いた皿などにくっつき、くずれやすくなってしまいます。

●青じその代わりに、かぶの葉など他の青菜をまぶしてもOK。

材料 ● 2人分　一人あたり 170 Kcal

木綿豆腐……1丁
卵白……1個分
片栗粉……適量
青じそ……1束

天つゆ

A
- みりん……大さじ2
- しょうゆ……大さじ1½
- だし汁……½カップ

おろししょうが……1かけ分
揚げ油……適量

下ごしらえ

1 豆腐を4つに切る。

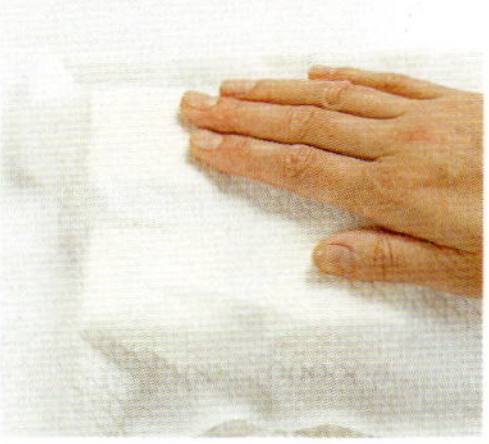

2 ペーパータオル2枚に包んで軽く水気をとる。

3 青じそを千切りにする。

4 ③を水洗いしてザルに上げ、水気を絞る。

衣・天つゆを作る

5 卵白をよく溶きほぐし、水大さじ½（分量外）を混ぜる。

6 Aのみりんを鍋に入れて中火にかけ、煮立ててアルコール分を飛ばす。

みりん ×2

7 ⑥にAのしょうゆとだし汁を加え、ひと煮立ちさせる。

だし汁 ½カップ
しょうゆ ×1½

揚げる

8 ②の豆腐の半量にたっぷりの片栗粉をつける。

9 ⑤の卵白にくぐらせる。

10 卵白の上に④の青じそをまぶす。

11 フライパンに揚げ油を2～3㎝深さに入れて180℃に熱する。残りの豆腐にひとつずつ片栗粉をまぶして、すぐ油に入れる。⑩も入れる。

12 しばらくそのまま触らずに揚げ、まわりが少し固くなってきたら、上下を返す。

仕上げ

13 おいしそうな色がつき、少しふくらんでカラッとなるまで揚げ、油をきる。器に豆腐を盛り、熱い天つゆをかけ、おろししょうがをのせる。

肉じゃが

ここがコツ

- 先に酒と砂糖、次にしょうゆとみりんというように、調味料を分けて加えると早くやわらかくなり、味がよく入ります。
- じゃがいもは、角がくずれるくらいやわらかく、煮汁がほとんどなくなるまで煮るとおいしくなります。
- 最後にしょうゆを足すと味が引きしまります。

材料 ● 2人分　　一人あたり 438 Kcal

牛薄切り肉（切り落とし）…100ｇ
じゃがいも……2個（250ｇ）
玉ねぎ……1個
さやいんげん……80ｇ
しらたき……1袋（180ｇ）

煮汁

A
- だし汁……1カップ
- 酒、砂糖……各大さじ2
- しょうゆ……大さじ2½
- みりん……大さじ1

しょうゆ……小さじ1
サラダ油……大さじ1

下ごしらえ

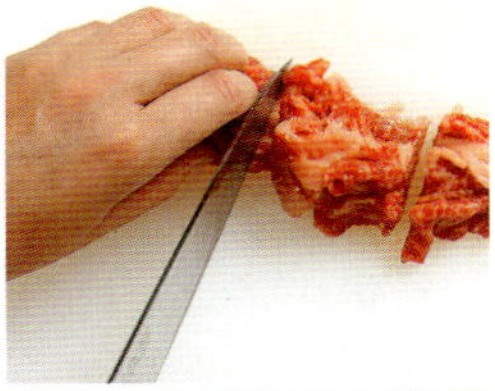

1 牛肉を食べやすい大きさに切ってほぐしておく。

2 じゃがいもは皮をむいて大きめのひと口大に切る。

3 ②を5分ほど、水にさらす。

4 玉ねぎを縦半分に切り、1.5㎝幅のくし型切りにする。

5 しらたきを洗って長さ8～10㎝に切る。

6 ⑤のしらたきをさっとゆでてザルに上げ、自然に水気をきる。

7 さやいんげんのヘタを切り落とし、食べやすい大きさに切る。

炒める

8 鍋を中火にかけ、サラダ油を入れて熱し、鍋によくなじませる。

サラダ油 ×1

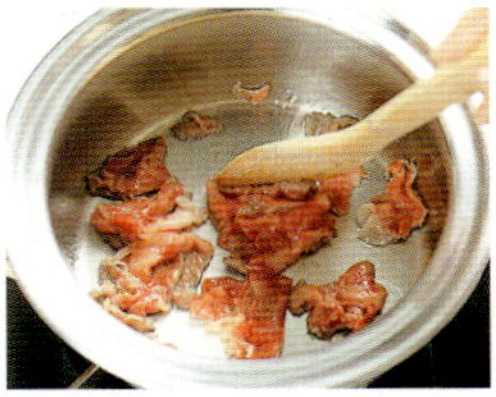

9 ①の牛肉を入れ、鍋を火から下ろして濡れぶきんの上に乗せ、肉をほぐしながら油をからめる。こうすると肉が鍋にくっつかない。

10 再び火にかけて肉を炒めて色が変わったら、水気をきった③のじゃがいも、④の玉ねぎ、⑥のしらたきを加えて炒める。

煮る

11 Aのだし汁、酒、砂糖を加え、煮立てて出てきたアクを取り、ふたをして弱めの中火で10分ほど煮る。

だし汁 1カップ
酒、砂糖 各 ×2

12 Aのしょうゆとみりん、⑦のさやいんげんを加え、時々全体を底から返して混ぜ、8分ほど煮る。

しょうゆ ×2½
みりん ×1

13 じゃがいもに竹串を刺してすっと通るようになったら、ほぼ出来上がり。

仕上げ

14 仕上げのしょうゆを加え、ひと煮してから器に盛る。

しょうゆ ×1

火加減マーク 弱火 中火 強火　調味料マーク 小さじ 大さじ

筑前煮

ここがコツ

●野菜は乱切りにすると切り口が多面体になるので、早くやわらかくなり、味をよく含みます。

●鶏肉は長く煮ると固くなるので、最初に軽く火を通したら一度取り出し、最後に戻してさっと煮ます。

●干ししいたけを戻す時、急ぐ場合は耐熱ボウルにかぶるくらいの水と一緒に入れてラップし、電子レンジで約3分加熱すると早く戻ります。

材料 ● 2人分 一人あたり 410 Kcal

鶏もも肉……………………½枚
A［しょうゆ、みりん……各大さじ½
干ししいたけ……………… 4枚
にんじん、ごぼう………各½本
たけのこ…………………100ｇ
こんにゃく……½枚（150ｇ）
絹さや……………………10枚
サラダ油…………大さじ1½
B［だし汁と干ししいたけの戻し汁を合わせて1⅓カップ
砂糖……………大さじ2
しょうゆ………大さじ1
塩………………………少々

下ごしらえ

1 鶏もも肉を小さめのひと口大に切る。

2 ①にAをまぶす。
しょうゆ、みりん 各 ×½

3 干ししいたけを水につけて戻し（戻し汁は取っておく）、軸を取ってひと口大に切る。

4 にんじんの皮をむいてひと口大の乱切りにする。ごぼうはタワシで皮をこすって洗う。

5 ④のごぼうをひと口大の乱切りにする。

6 ⑤のごぼうを水に5分ほどさらしてアクを取る。

7 たけのこをひと口大の乱切りにする。

8 こんにゃくをスプーンでひと口大にちぎる。

9 こんにゃくに塩少々（分量外）をまぶしてもむ。

10 塩を洗い流してゆで、水気をきる。

11 絹さやは、なり口から下に向かって筋を取る。反対側も同様に取る。

12 ⑪の絹さやをさっと塩ゆでする。

13 ⑫を水にとって冷ます。

14 さらに斜め半分に切る。

炒める

15 フライパンを中火にかけ、サラダ油を入れて熱し、②の鶏肉を汁ごと加えて表面をさっと炒める。

サラダ油 大さじ×½

16 炒めた鶏肉を取り出す。

17 ⑯のフライパンに残りのサラダ油を足して中火にかけ、しいたけ、にんじん、ごぼう、たけのこ、こんにゃくを加えて炒める。

サラダ油 大さじ×1

煮る

18 油が全体に回ったら、Bのだし汁と干ししいたけの戻し汁を注ぎ、鍋底をこする。煮立ったらふたをして弱火にし、4～5分煮る。

19 Bの砂糖、しょうゆ、塩を加えてひと混ぜし、さらに7～8分煮る。

砂糖 大さじ×2
しょうゆ 大さじ×1 塩 少々

仕上げ

20 ⑯の鶏肉を戻し入れてふたを取り、煮汁がほとんどなくなるまでさらに4～5分煮る。器に盛って⑭の絹さやを散らす。

かぼちゃのそぼろ煮

ここがコツ

●煮汁はかぼちゃの高さの半分を目安に。煮汁が多いとすぐに煮くずれます。

●煮汁が少ないので早めに一度上下を返し、全体に味を回します。あまり動かさず煮て、最後に全体を混ぜます。

●鶏肉のうま味が出るので、だし汁は使いません。最後にとろみをつけてかぼちゃにからませます。

材料 ● 2人分

一人あたり 306 Kcal

かぼちゃ（正味）………300 g

鶏そぼろ

A
- 鶏ひき肉 ……………80 g
- 砂糖……………小さじ 1
- しょうゆ、みりん …各大さじ½

煮汁

B
- みりん、砂糖…各大さじ 1
- しょうゆ………大さじ½
- 塩…………………小さじ¼

水溶き片栗粉

C
- 片栗粉……小さじ½〜 1
- 水 ………………小さじ 1

下ごしらえ

1 かぼちゃの種とワタをスプーンで取り除く。

2 皮をよく洗って大きめのひと口大に切る。

3 皮を所々小さくそぎおとす。

そぼろを作る

4 鍋にAを入れ、菜箸を4本使って混ぜ、ほぐしながら中火にかける。

砂糖 ×1
しょうゆ、みりん 各 ×½

5 肉の色が変わってパラパラになったら、いったん肉を取り出す。

煮る

6 ⑤の鍋に、かぼちゃの皮を上にして並べる。

7 かぼちゃの高さの半分位の水（分量外）とBを入れ、ふたをして中火にかける。煮立ったら火を弱めて2～3分煮る。

みりん、砂糖 各 ×1
しょうゆ ×½
塩 ×¼

8 途中でかぼちゃの上下を返す。

9 さらに10～13分、やわらかくなるまで煮る。

10 ⑨の鍋に⑤の鶏そぼろを戻す。

仕上げ

11 水溶き片栗粉Cを回しかけ、木べらでかぼちゃを崩さぬようにそっと全体を混ぜ、とろみが出たら火を止め、器に盛る。

片栗粉 ×½～1
水 ×1

ひとくちメモ

片栗粉でとろみをつけるとき、一カ所に流し入れるとその部分だけが固まってしまいます。鍋全体にまんべんなく回しかけるように加えましょう。また、前もって片栗粉と水を混ぜておいた場合、底に片栗粉が固まっているので、鍋に加える直前に必ず、菜箸などでひと混ぜしてから加えてください。

里芋のつや煮

ここがコツ

- 里芋は表面に傷やへこみがなく、丸々としているものを選び、泥つきを買いましょう。
- 最初に炒めることでうまみがのり、煮くずれせずアクも出ません。
- 皮を厚くむいてしまうと表面のおいしさが味わえないので、皮は薄めにむきましょう。
- ゆずの皮以外にも、木の芽など好みのものをあしらいましょう。

材料 ● 2人分　一人あたり 224 Kcal

里芋……400 g
ゆずの皮……少々
サラダ油……大さじ 1

煮汁

A
- だし汁……1 ½カップ
- 酒……大さじ 2
- 砂糖、みりん……各大さじ 1
- しょうゆ……大さじ 1 ½

下ごしらえ

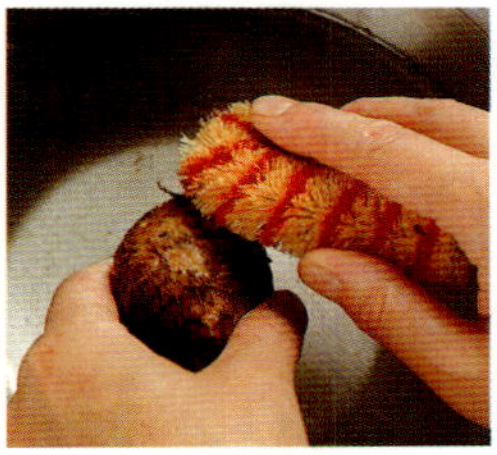

1 里芋はタワシで洗って泥を落とす。

2 ザルに上げて乾かす。

3 里芋の上下を切り、上から下に向けて皮をむく。大きい場合は食べやすい大きさに切る。

炒める

4 鍋にサラダ油を入れ、中火にかけて熱し、里芋を炒める。

サラダ油 ×1

5 里芋に油が回って表面の色が変わったら、Aのだし汁を加える。

だし汁 1½カップ

煮る

6 煮立ったら、Aの残りの調味料を加える。

酒 ×2
砂糖、みりん 各 ×1
しょうゆ ×1½

7 水でぬらした落としぶたをして火をやや弱める。

8 約15分、ときどき鍋を回すようにして里芋の上下を返し、やわらかくなるまでつやよく煮る。

仕上げ

9 ゆずの皮をピーラーでむく。

10 ⑨を千切りにして、器に盛った里芋の上に散らす。

ひとくちメモ

里芋をむいていると手がかゆくなってしまいがち。でもここで紹介したように乾かしてからむけば、手がかゆくならず、ぬめりも出ません。他にもいろいろな方法があります。

- 里芋3～4個をラップに包んで、電子レンジで4～5分加熱します。すると皮はスルリとむけます（やけどに注意）。
- タワシでゴシゴシとこそげ取ります。
- 包丁の背でこそげ取ります。
- 里芋を熱湯に入れ、5～6分ゆでて表面にだけ火を通すと、スルリとむけます。
- 網目になったナイロンネットに里芋を入れ、両手でもんで皮をこそげ取ります。

肉入りきんぴらごぼう

ここがコツ

●油を最小限にすると、味がよくしみます。

●ごぼうは固いのでにんじんより先にフライパンに入れ、よく炒めましょう。

●肉は初めから炒めると固くなるので、野菜を炒めてから入れます。

材料 ● 2人分

一人あたり 281 Kcal

豚切り落とし肉…………100ｇ
ごぼう………………………… 1本
にんじん ………… 5㎝（50ｇ）
赤唐辛子 ……………………½本
サラダ油、ごま油…・各大さじ½
白炒りごま …………小さじ 1

煮汁

A
- 酒…………………大さじ 2
- 砂糖、しょうゆ…各大さじ 1
- 塩…………………小さじ⅓

下ごしらえ

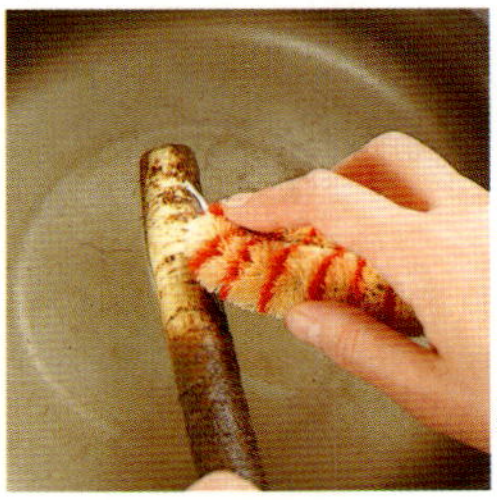

1 ごぼうはタワシで皮を軽くこそげて洗う。

2 5～6㎝長さに切り、縦に薄切りしてから千切りにする。

3 ②のごぼうを水に5分ほどさらしてザルに上げ、水きりする。

4 にんじんの皮をむいて縦に薄切りしてから千切りにする。

5 赤唐辛子のヘタを切って種を抜く。

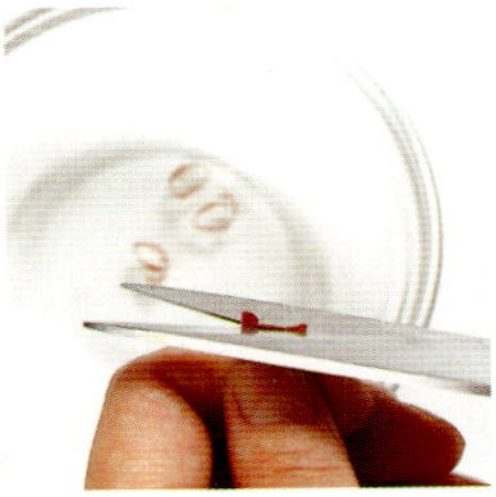

6 ⑤をキッチンバサミで小口切りにする。

炒める

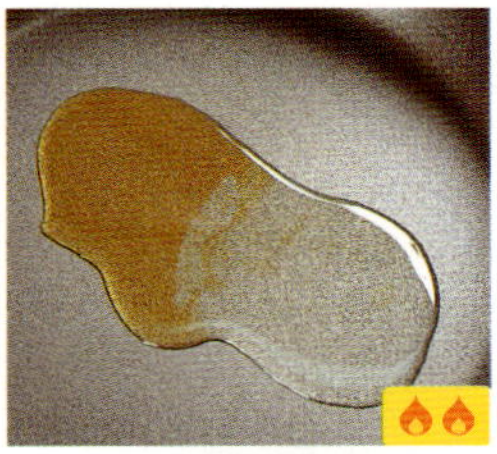

7 フライパンを中火にかけてサラダ油とごま油を入れ、熱する。

サラダ油、ごま油 各 ×½

8 ③で水きりしたごぼうを入れてよく炒める。

9 さらに④のにんじん、⑥の赤唐辛子を加えてひと炒めする。

10 豚肉を加えて炒め、肉の色が変わったら、Aを表記の順に入れて火を弱める。

酒 ×2
砂糖、しょうゆ 各 ×1
塩 ×⅓

仕上げ

11 混ぜながら水気がなくなるまで煮る。ごぼうを一つ食べてみて、まだ固いようなら水少々（分量外）を足して弱火にし、炒め煮する。水気がなくなり、ごぼうがやわらかくなったら器に盛り、白炒りごまを指でひねりつぶしながらふる。

ひとくちメモ

ごぼうは皮に香りがあるので、皮はタワシで泥を落とす程度に軽くこそげます。皮を全部むいてしまうと、香りもなくなってしまいます。

ごぼうはアクがあるので、切ったらすぐに水か酢水にさらします。

ほうれん草のごまよごし

ここがコツ

●ゆでたほうれん草にあらかじめしょうゆで下味をつけておくと、和え衣とよくなじみます。また、しょうゆの塩分が余分な水分を出してくれるので、和えているうちに水っぽくなりません。

●ごまをすり混ぜながら調味料を加えていくと、なめらかな和え衣になります。

材料● 2人分　一人あたり 103 Kcal

ほうれん草……………………………1束（200ｇ）
しょうゆ…………………………………大さじ1

和え衣

A
- 黒炒りごま……………………………大さじ3
- 砂糖・しょうゆ………………………各大さじ½
- ごま油 ………………………………小さじ1

下ごしらえ

1 ほうれん草を洗う。根元の方は泥がついているものがあるのでていねいに。

2 たっぷりの熱湯に塩少々（分量外）を加え、ほうれん草の葉先を持って、根元の方から入れる。

3 5秒ほどゆでて茎がしんなりしたら、葉の部分も沈め、再沸騰したら菜箸で上下を返す。

4 葉もしんなりしたらすぐ冷水にとり、さらに流水にさらして手早く冷ます。

5 根元をそろえて持ち、水から上げる。

6 ほうれん草の水気を根元から下に向かって軽く絞る。

7 ⑥を長さ3〜4㎝に切る。

下味をつける

8 ⑦にしょうゆをふりかけて下味をつけ、もう一度軽く絞る。

しょうゆ ×1

和える

9 すり鉢にAの黒炒りごまを入れて粒が少し残る程度（八分ずり）にすり、砂糖、しょうゆ、ごま油の順に加え、そのつどすり混ぜる。

砂糖、しょうゆ 各 ×½
ごま油 ×1

10 ⑨の和え衣に⑧のほうれん草をほぐして加え、よく和える。

ひとくちメモ

ほうれん草以外に、ゆがいたいんげん、小松菜、もやし、にんじんなど、ほとんどの野菜でごまよごしが作れます。ほうれん草はごまよごしだけでなく、おひたしやポン酢和えなどでもおいしくいただけます。

きゅうりとたことわかめのしょうが酢

ここがコツ

- 少し手間がかかるかもしれませんが、材料にそれぞれ下味をつけると和え物が水っぽくなりません。
- わかめはさっと熱湯にくぐらせ、冷水で冷やすと鮮やかな色になります。
- たこの代わりに、細く切ったいかでもおいしくいただけます。

材料 ● 2人分

一人あたり 77 Kcal

きゅうり……………………1本
ゆでだこの足…1本（100g）
わかめ（戻して）…………80g
しょうが…………………1かけ

しょうが酢

A
- 酢…………………大さじ3
- だし汁、または水…大さじ1
- しょうゆ、砂糖、しょうがの絞り汁……………各小さじ1
- 塩…………………………少々

塩、酢…………………………適量

下ごしらえ

1 たこの表面に塩小さじ1（分量外）をまぶしてこすり、ぬめりを取る。

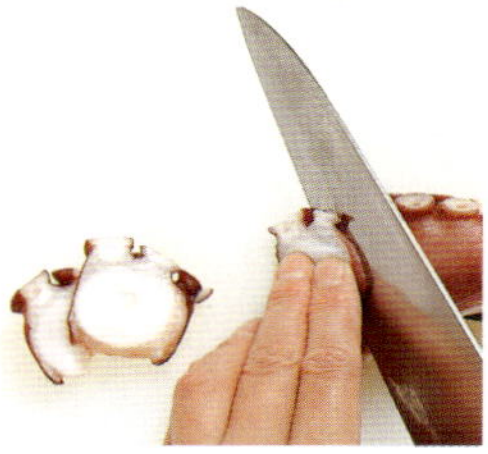

2 ①を水洗いして薄くそぎ切りにする。

3 わかめをボウルにためた水の中で振って洗い、塩気をとる。

4 ③を熱湯にさっとくぐらせる。

5 ボウルに冷水を入れ、④のわかめを冷やす。

6 ⑤の水気を絞り、長さ2～3㎝のざく切りにする。

7 きゅうりに塩少々（分量外）をまぶしてまな板にのせ、両手で押すように転がして表面をなめらかにする（板ずり）。

8 ⑦を水洗いして薄い小口切りにする。

9 塩小さじ⅓（分量外）をふって5分ほどおき、しんなりしたら水気を絞る。

しょうが酢を作る

10 ボウルにAを混ぜ合わせる。

- 酢 ×3
- だし汁または水 ×1
- しょうゆ、砂糖 各 ×1
- しょうがの絞り汁 ×1
- 塩 少々

11 しょうがを繊維にそって薄切りにする。さらに千切りにする

12 ⑪を水洗いして絞り、針しょうがにする。

仕上げ

13 ②のたこ、⑥のわかめ、⑨のきゅうりにそれぞれ⑩のしょうが酢を大さじ½ずつふりかけて絞る。

14 器に盛り合わせて残りのしょうが酢を回しかけ、⑫の針しょうがを天盛りにする。

火加減マーク 弱火 中火 強火　調味料マーク 小さじ 大さじ

おかゆ 三種

白がゆ

ここがコツ

- 途中で混ぜないこと。混ぜると焦げやすくなり、粘りのあるおかゆになってしまいます。
- 梅干しや煮昆布などと一緒にいただき、好みの味にととのえます。

材料 ● 2人分 一人あたり 142 Kcal

全がゆ

米……………………½合（80ｇ）

水（米の5倍）…………450mℓ

塩…………………………少々

下ごしらえ

1 米をとぐ。最初にたっぷりの水を入れてひと混ぜし、水を捨てる。次に少量の水を入れ、手のひらのふくらんだ部分で押しながらとぐ。

2 4～5回水を替えてとぎ、水が澄んできたらザルに上げて水気をきる。

3 ②の米を鍋に入れて分量の水を加える。

炊く

4 鍋を強火にかけ（土鍋の場合は弱めの中火にかける）、煮立てる。

5 煮立ったらふたを少しずらしてかぶせ、ふきこぼれないほどの弱火（土鍋の場合はごく弱火）にして30分ほど炊く。

6 仕上げに塩を混ぜ、ふたをして5分ほど蒸らし、器に盛る。

塩 少々

いもがゆ

材料 ● 2人分

一人あたり 291 Kcal

米……………………………½合（80ｇ）
水（米の５倍）………………………450㎖
さつまいも…………………………小１本
塩………………………………小さじ½

下ごしらえ

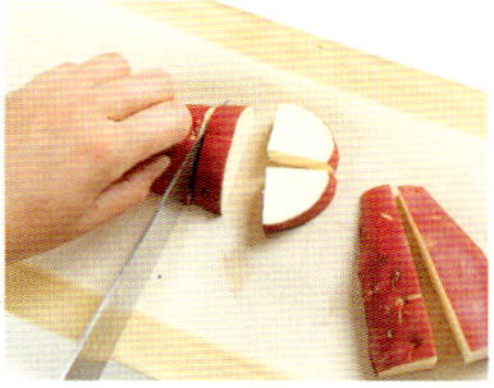

1 さつまいもをきれいに洗い、厚さ２㎝に輪切りしてから十文字に切っていちょう切りにする。

2 水にさらして充分にアクを取り、水気をきる。

3 白がゆと同様に米をとぎ、ザルに上げて水気をきる。

炊く

4 米を鍋に入れて水を加え、上に②のさつまいもをのせ、白がゆの④⑤と同様に炊く。炊き上がったら塩を加えて混ぜ、ふたをして５分ほど蒸らし、器に盛る。

塩 ×½

ここがコツ

●さつまいもは皮に栄養が多くあるので、皮ごと炊きましょう。彩りも美しくなり、さつまいもの素朴な持ち味も楽しめます。

茶がゆ

材料 ● 2人分

一人あたり 142 Kcal

米……………………………½合（80ｇ）
熱湯………………………………900㎖
ほうじ茶…………………………大さじ３
塩………………………………小さじ½

下ごしらえ

1 ほうじ茶をお茶パックなどに入れ、熱湯に入れてひと煮立ちさせる。

2 白がゆと同様に米をとぎ、ザルに上げて水気をきる。

炊く

3 お茶パックを取り除いて②の米を加え、白がゆの④⑤と同様に炊く。炊き上がったら塩を加えて全体を混ぜ、ふたをして５分ほど蒸らし、器に盛る。

塩 ×½

ここがコツ

●水ではなく湯で炊く（湯炊き）と、米が割れたようになり（「米の花が開く」といいます）、食感がよくなります。

春菊ごはん

ここがコツ

●しっかりと春菊の水気を絞るのがコツです。また、あらかじめ春菊に塩を混ぜておくことで、塩がご飯全体に混ざりやすくなります。

●最後に少量のごま油を加えるだけで、一気に風味がアップします。

材料 ● 2人分

一人あたり 665 Kcal

米	2合
水	360mℓ
酒	大さじ1
春菊	1束
塩	小さじ1
ごま油	大さじ½
白炒りごま	大さじ2

米を炊く

1 米をとぎ、ザルに上げて水気をきる。

2 米を炊飯器に入れて分量の水を加え、30分ほどおき、酒を加えて炊く。

酒 ×1

春菊を下ごしらえ

3 春菊は固い茎を切り落とし、葉先をつむ。

4 ③を塩少々（分量外）を加えた熱湯で色よくゆでる。

5 ゆであがったらすぐに冷水に入れる。

6 水気を充分に絞ってから、みじん切りにする。

7 もう一度、⑥の水気をよく絞る。

8 ⑦に塩を混ぜる。

塩 ×1

ご飯と混ぜる

9 炊き上がったご飯に⑧の春菊を加え混ぜる。

10 ごま油を加え、白炒りごまを指先でひねりつぶしながら加え、軽く混ぜ合わせて器に盛る。

ごま油 ×½
白炒りごま ×2

五目炊き込みごはん

ここがコツ

- 具はなるべく同じ大きさに切り、調味料をからめて下味をつけておきます。
- 具は米の上に乗せて炊くこと。混ぜるとごはんに芯が残ることがあります。
- 炊き込みご飯は保温すると味が落ちます。保存する場合は冷蔵、または冷凍し、食べる時に温めて。

材料 ● 2人分　　一人あたり 796 Kcal

米……………………………2合
水……………………………360㎖
鶏もも肉…………100〜150g
油揚げ……………………小1枚
干ししいたけ………………2枚
ごぼう、にんじん……各50g

下味

A
- 酒…………………大さじ1
- しょうゆ……大さじ1½
- みりん…………大さじ½
- 塩…………………小さじ⅓

かつお風味だしの素…小さじ1

下ごしらえ

1 米をとぎ、ザルに上げて水気をきる。炊飯器に入れ、分量の水に浸して30分〜1時間おく。

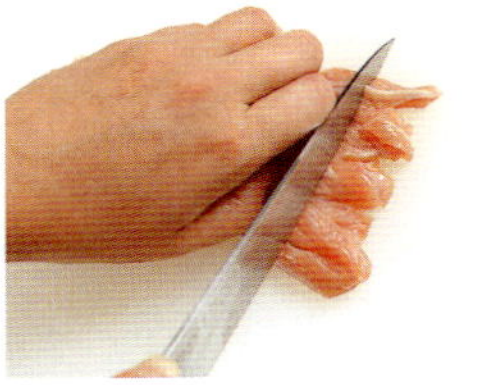

2 鶏もも肉を1㎝角に切る。

3 油揚げに熱湯をかけて油抜きする。

4 ③の油揚げを縦半分に切ってから、細切りにする。

5 水につけて戻しておいた干ししいたけの軸を切り、細切りにする。

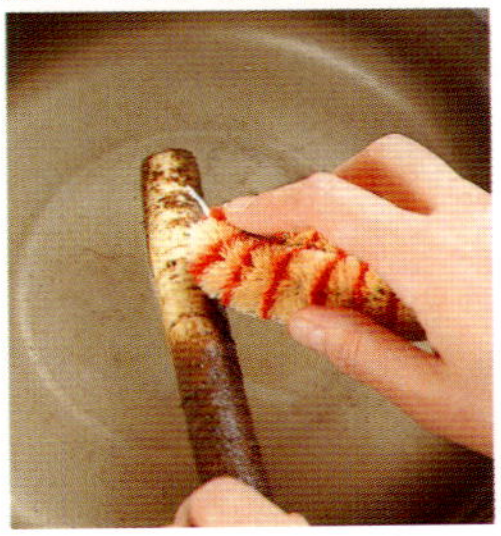

6 ごぼうは、皮をたわしでこすって洗いながら落とす。

7 ⑥のごぼうに縦に何本か切れ目を入れる。

8 鉛筆を削るようにそぎ切ってささがきにし、すぐ水にさらしてアク抜きし、水気をきる。

9 にんじんは長さ3㎝に切ってから、細切りにする。

10 ④⑤⑧⑨の具をボウルに入れ、混ぜ合わせたAをからめて10分ほどおく。

- 酒 ×1
- しょうゆ ×1½
- みりん ×½
- 塩 ×⅓

炊く

11 ①の炊飯器にだしの素を加え、⑩の具を絞るようにして漬け汁を先に加えて混ぜる。

- だしの素 ×1

12 米の上に具を乗せ、混ぜずにそのまま炊く。充分に蒸らしてから、全体をふんわりと混ぜ合わせる。

うなぎ寿司

ここがコツ

- すし飯は一気にあおいで冷ますことで、きれいな照りが出ます。
- すし飯がまだ人肌くらい温かいうちに具を混ぜること。冷めるとご飯に味がなじまなくなってしまいます。
- 混ぜる時は切るようにさっくり混ぜないと、粘りけが出てしまいます。

材料 ● 2人分　　一人あたり 720 Kcal

米……………………………2合
水……………………………360cc
酒…………………………大さじ1½
だし昆布……………5㎝角1枚

合わせ酢

A
- 酢…………………大さじ4
- 砂糖………………小さじ4
- 塩…………………小さじ1

うなぎ蒲焼き（市販品）……大1尾
添付のたれ…………………1袋
きゅうり……………………1本
甘酢しょうが（市販品）……30g

米を炊く

1 米をとぎ、ザルに上げて水気をきる。炊飯器に入れ、分量の水と酒を加えて混ぜ、汚れをふいた昆布をのせ、30分ほどおいて普通に炊く。

酒 × 1 ½

すし飯を作る

2 Aを混ぜ合わせ、耐熱ボウルに入れて電子レンジで１分40〜50秒加熱し、砂糖と塩を溶かす。

酢 × 4 砂糖 × 4
塩 × 1

3 ①のごはんが炊き上がったらすし桶に移し、②の合わせ酢を、しゃもじに受けながら全体にまんべんなくかける。

4 しゃもじで切るようにごはん全体を混ぜる。こうすると粘りが出にくい。

5 合わせ酢がごはんになじんだら、混ぜながらうちわなどであおいで人肌くらいまで冷ます。

具を下ごしらえ

6 うなぎ蒲焼きの幅を縦に２等分し、さらに１cm幅に刻む。

7 ⑥を耐熱皿にのせ、添付のたれをかけてラップをし、電子レンジで２分ほど加熱してやわらかくする。

8 きゅうりを薄い小口切りにする。

9 ⑧を塩水（分量外・水½カップに塩小さじ１）に浸し、しんなりしたら水気を絞る。

10 甘酢しょうがは絞って水気をきり、粗みじん切りにする。

仕上げ

11 ⑤のすし飯に⑦のうなぎと皿に残ったたれ、⑨のきゅうりと⑩のしょうがを加えてさっくり混ぜる。

親子丼

ここがコツ

- 卵が、まだやわらかい半熟状の時に火を止め、蒸らして仕上げます。
- 鶏肉は火を通しすぎると固くなるので、注意。
- ご飯を平らに盛りつけると、具をのせた時、きれいな仕上がりになります。

材料 ● 2人分　　一人あたり 715 Kcal

鶏もも肉……………………½枚
玉ねぎ………………………½個
三つ葉………………………½束
卵 …………………………… 3 個

煮汁

A
- みりん …………大さじ 2
- 酒…………………大さじ 1
- しょうゆ……大さじ 1 ½
- だし汁 …………½カップ

温かいごはん
……どんぶり 2 杯分（400 g）

下ごしらえ

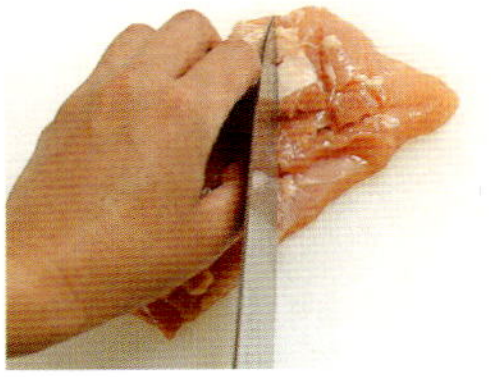

1 鶏もも肉の身の方に斜め格子の浅い切り目を入れる。

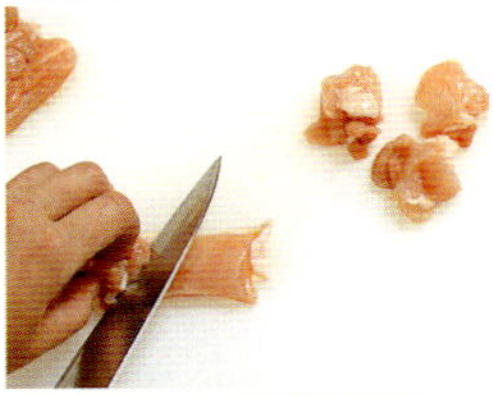

2 包丁を少し斜めにして、皮ごとひと口大のそぎ切りにする。

3 玉ねぎの根元を切り落とし、薄切りにする。

4 三つ葉を長さ2～3㎝に切る。

5 ボウルに卵を割り入れ、軽く溶きほぐしておく。

煮る

6 小さめのフライパンにAのみりんと酒を入れ、中火で煮立ててアルコール分を飛ばす。

みりん ×2
酒 ×1

7 ⑥にAのしょうゆとだし汁を加える。

だし汁 ½カップ
しょうゆ ×1½

8 再び煮立ったら③の玉ねぎと②の鶏肉を加えて煮る。

9 途中、鶏肉の上下を返して火を通す。

卵でとじる

10 ⑤の卵の半量を全体に回し入れる。

11 フライパンをゆすりながら卵に火を通し、半熟状態にする。

12 ⑪に残りの卵を回し入れ、④の三つ葉を散らしてふたをし、火を止めて約1分蒸らす。

仕上げ

13 どんぶりに平らにご飯をよそい、大きめのスプーンで⑫を盛る。

すき焼き

ここがコツ

- 牛肉はさっと焼くと香ばしさもプラスされ、よりおいしくなります。
- 春菊やしめじはすぐに火が通るので、鍋に加えたらなるべくすぐにいただきましょう。
- 食べているうちに鍋が煮詰まって味が濃くなってきたら、だし汁を加えて薄めながら味を加減します。

材料 ● 2人分

一人あたり 594 Kcal

牛薄切り肉（すき焼き用）……200〜300g
長ねぎ……1本
しめじ、しらたき・各1パック
春菊……½束
焼き豆腐……1丁
花麸……10個

割りした

A
- みりん、酒、しょうゆ……各大さじ3
- 砂糖（あれば赤砂糖）……大さじ2
- だし汁……½カップ

卵（好みで）……2個
牛脂……適量

下ごしらえ

1 長ねぎを厚さ1cmの斜め切りにする。

2 春菊の葉をつむ。しめじの石づきを取って小房に分ける。

3 焼豆腐を食べやすい大きさに切る。

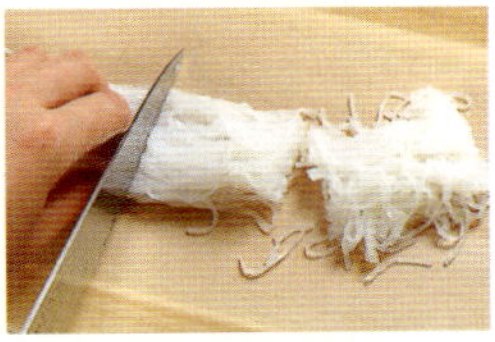

4 しらたきを水洗いして10cm位に切る。

5 ④をひたひたの水（分量外）と一緒に鍋に入れてゆでる。しらたきがチリッと縮れるような感じになったらザルに上げて水気をきる。

6 花麸はぬるま湯でやわらかく戻しておく。

割りしたを作る

7 耐熱ボウルにAのみりんと酒を入れ、電子レンジで1分30秒加熱してアルコール分を飛ばし、しょうゆ、砂糖、だし汁を加える。

みりん、酒、しょうゆ 各（大さじ）×3
砂糖（大さじ）×2 だし汁½カップ

煮る

8 すき焼き鍋を中火で熱して牛脂をなじませる。

9 牛肉を3〜4枚入れてさっと焼き、⑦の割りしたを加え、煮立ったら他の具を適宜加えて煮る。ほどよく煮えたら、好みで器に卵を入れ、つけながらいただく。

ひとくちメモ

ここに紹介した材料のほかにも、意外とすき焼きとマッチする素材があります。玉ねぎをくし型に切って加えると、自然の甘味がプラスされておいしくいただけます。また、白菜は水分がたっぷり出て、味がほどよく全体に行きわたります。意外なところではカキ。コクが加わり、うまみが増します。

水炊き

ここがコツ

●骨付き鶏肉を使うと、だしを入れなくてもうまみが出ます。

●鍋のアクはまめに取り除くと雑味が減ります。

●水菜は、他にみぶな、根三つ葉など、歯触りや香りのいい青菜で代用できます。

●ポン酢は2～3日前にあらかじめ作っておき、冷蔵庫に保存しておくと味がなじみ、深みが出ます。

材料 ● 2人分

一人あたり 415 Kcal

鶏骨付きぶつ切り肉 ……400g
長ねぎの青い部分……………10cm
しょうが ……………………1かけ

ポン酢

A
- ゆずやかぼす、レモンなど柑橘類の絞り汁…大さじ2
- 酢……………………大さじ1
- しょうゆ、だし汁…各大さじ3
- みりん……………小さじ1
- 昆布…………5cm角1枚

長ねぎ…………………………1本
白菜…………………………300g
にんじん…………………………½本
生しいたけ………………………4枚
水菜………………………………1束

薬味

大根おろし
万能ねぎの小口切り
七味唐辛子
ゆずこしょうなど好みで適量

下ごしらえ

1 鶏骨付きぶつ切り肉をボウルに入れ、熱湯を回しかける。

2 表面が白くなったらザルに上げて水洗いし、水気をきる。

3 長ねぎの青い部分としょうがは、包丁を寝かせるようにして上から押してつぶす。

4 Aを合わせて昆布を入れる。

柑橘類の絞り汁 ×2
酢 ×1
しょうゆ、だし汁 各 ×3
みりん ×1

煮る

5 土鍋にたっぷりの水（分量外・６～７カップ）と②の鶏肉、③を入れて中火にかける。

6 煮立ったらていねいにアクを取り、弱火にして40～50分煮る。

野菜を下ごしらえ

7 長ねぎを厚さ１㎝の斜め切りにする。

8 白菜を食べやすい大きさにざく切りにする。

9 にんじんの皮をむいて５㎜厚さの輪切りにし、花型に抜く。

10 生しいたけの軸を取って十字の飾り切りをする。

11 水菜は食べやすい長さに切る。

仕上げ

12 ⑥の鶏肉から充分にだしが出たら、長ねぎの青い部分としょうがを取り除き、ほかの具を入れて煮る。各自好みの薬味とポン酢でいただく。

豆腐とわかめのみそ汁

ここがコツ

- 煮干しだしをとる時、時間があれば、じっくり煮る方がよいだしがとれます。
- みそ汁は薄いだしだとみその味に負けてしまいます。煮干しで取るだしはしっかりした味なのでみそ汁にぴったりなのです。
- みそを入れてからは、ぐらぐら煮ると風味がとんでしまいます。仕上げに加えること。

材料 ● 2人分　一人あたり 70 Kcal

豆腐	¼丁
わかめ（塩蔵）	10ｇ
長ねぎ	5㎝
だし汁	2カップ
みそ	大さじ 2

煮干しだしをとる

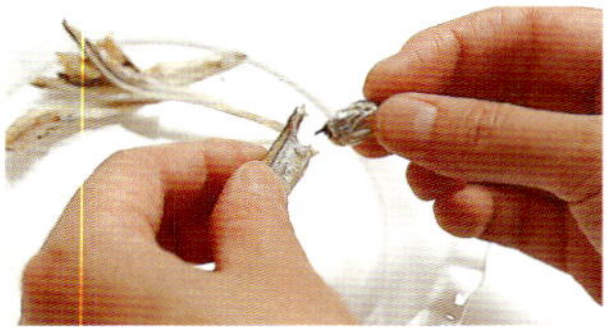

1 煮干しの頭を取る。

2 半分に裂いてわた（腹の黒い部分）を取り除く。

3 鍋に水を入れ、煮干しを加えて最低10分おく。

4 鍋を中火にかけて沸騰させ、アクを取りながら5～7分煮出して煮干しを引き上げる。

下ごしらえ

5 豆腐の厚みを半分に切り、さいの目切りにする。

6 わかめを洗って水に4～5分つけて戻す。

7 水気をきって2㎝長さにざく切りにする。

8 長ねぎを薄い小口切りにする。

煮る

9 鍋にだし汁を入れて中火にかけ、煮立ったら⑤の豆腐を加えてひと煮立ちさせる。

仕上げ

10 玉杓子に煮汁を適量入れ、みそをその中で溶きのばし、鍋に加える。

みそ ×2

11 ⑦のわかめと⑧のねぎを加えて煮立つ直前に火を止める。

かぶと油揚げのみそ汁

材料 ● 2人分 一人あたり 61 Kcal

かぶ……………………1～2個
油揚げ…………………………½枚
かぶの葉…………………………少々
だし汁………………… 2カップ
みそ……………………大さじ2

1 かぶの皮をむいて食べやすい大きさのくし型切りにする。葉は長さ2㎝に切る。
2 油揚げに熱湯をかけて油抜きし、縦半分に切ってから、1㎝幅に切る。
3 鍋にだし汁とかぶを入れて中火にかけ、煮立ったら弱火にし、かぶがやわらかくなるまで4～5分煮る。
4 ③に②とかぶの葉を加え、2～3分煮て火を通す。
5 玉杓子に煮汁を適量入れ、みそをその中で溶きのばし、鍋に加える。

みそ ×2

あさりのみそ汁

材料 ● 2人分 一人あたり 46 Kcal

あさり（殻付き）………150g
わけぎ…………………1～2本
だし汁………………… 2カップ
みそ……………………大さじ2
塩…………………………………適量

1 あさりは海水程度の塩水（分量外・水1カップに対して塩小さじ1程度）に入れ、新聞紙をかぶせて30分ほどおき、砂をはかせる。
2 ①の水気をきって、今度は真水に入れ、手の平で殻をこすり合わせるようにして汚れを取る。洗って水気をきる。
3 わけぎを小口切りにする。
4 鍋にだし汁と②を入れて中火にかけ、煮立ったらアクをていねいに取り除く。あさりの口が開いたら、玉杓子に煮汁を適量入れ、みそをその中で溶きのばし、鍋に加えて、③を散らす。

みそ ×2

なめことじゃがいものみそ汁

材料 ● 2人分 一人あたり 68 Kcal

なめこ………………………1袋
じゃがいも……………小1個
だし汁………………… 2カップ
みそ……………………大さじ2

1 なめこを洗って水気をきる。
2 じゃがいもの皮をむいて半月切りにし、水にさらす。
3 鍋にだし汁と、水気をきった②を入れて火にかけ、じゃがいもがやわらかくなったら①を加える。
4 玉杓子に煮汁を適量入れ、みそをその中で溶きのばし、鍋に加える。

みそ ×2

なすとみょうがのみそ汁

材料 ● 2人分 一人あたり 43 Kcal

なす、みょうが………各1個
だし汁………………… 2カップ
みそ……………………大さじ2

1 なすを縦半分に切って皮に斜め格子の切れ目を入れ、食べやすい大きさに切って水にさらす。
2 みょうがを薄切りにして水にさらす。
3 鍋にだし汁を入れて火にかけ、煮立ったら水気をきった①を入れ、3～4分、やわらかくなるまで煮る。
4 ②を加えたら、玉杓子に煮汁を適量入れ、みそをその中で溶きのばし、鍋に加える。

みそ ×2

とん汁

ここがコツ

- 具を先にさっと炒めると香ばしい仕上がりになり、しかもうまみが増します。
- みそを二回に分けて加えることで、味がよくなじみます。みそを入れたらグラグラ煮立てないこと。煮立ててしまうとみそのえぐみが出ます。

材料 ● 2人分　一人あたり 319 Kcal

豚肩ロース肉、または豚バラ肉（薄切り）	100ｇ
大根	100ｇ
にんじん	50ｇ
ごぼう	40ｇ
わけぎ	1本
こんにゃく	¼枚（80ｇ）
油揚げ	1枚
サラダ油	大さじ1
だし汁	2½カップ
酒	大さじ2
みそ	大さじ2½〜3
七味唐辛子（好みで）	少々

下ごしらえ

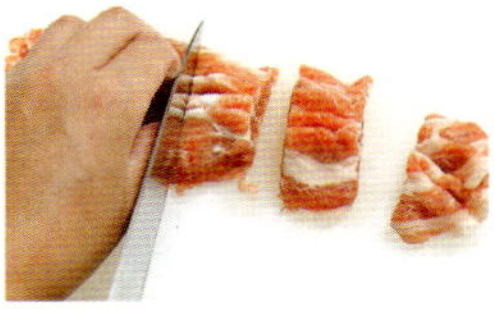

1 豚肉を食べやすい大きさに切る。

2 大根とにんじんはピーラーで皮をむく。

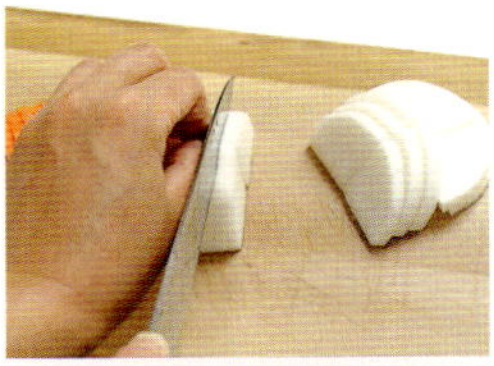

3 それぞれ縦に4等分し、厚さ5～8㎜のいちょう切りにする。

4 ごぼうの皮をタワシでこすって洗う。

5 斜め薄切りにして水にさらす。

6 わけぎを長さ2㎝に切る。

7 こんにゃくに塩少々(分量外)をまぶしてもむ。

8 塩を洗い流し、水から入れて5分ほどゆでてアク抜きする。

9 ⑧を薄切りにする。

10 油揚げに熱湯をかけて油抜きする。

11 縦半分に切って1㎝幅に切る。

炒める

12 鍋を中火にかけてサラダ油を熱し、①の豚肉を炒める。

サラダ油 ×1

13 色が変わったら③の大根、にんじん、⑤のごぼう、⑨のこんにゃくを加えて軽く炒める。

煮る

14 全体に油が回ったらだし汁と酒を加え、みそ大さじ1を溶き入れる。

だし汁 2½カップ
酒 ×2
みそ ×1

15 ⑪の油揚げを加え、アクを取りながら8分くらい煮る。

仕上げ

16 野菜がやわらかくなったら残りのみそを溶き入れ、⑥のわけぎを加え、ひと煮立ちで火を止める。器に盛り、好みで七味唐辛子をふる。

みそ 1½～2

うちで作れば もっとおいしい 洋食

もともとはフランス料理やイタリア料理だけれど、
今ではごはんによく合う“洋食”に進化。
ハンバーグやカレーやコロッケは
子どもにも大人気の基本メニューです。
肉を使った洋食は
どうしても高カロリーになりがちですが、
自分で作れば油脂を加減することも。
つけあわせにたっぷりの野菜を忘れずに。

洋食の基本テクニック

（焼く）

フライパンやグリルをしっかり温めてから、表面になる側から焼きはじめる。最初は動かさず、ある程度火が通って焼いた表面が固まってきてから上下を返す。

（スープをとる）

一番ポピュラーなブイヨン（スープのベース）は、骨付き鶏肉と香味野菜を水で煮出したもの。骨付き牛肉や豚肉、野菜のみの場合も。急ぐ場合は市販の洋風スープの素を湯で溶いて。

（煮込む）

材料を弱火～中火でじっくり煮込む。ローリエ（月桂樹の葉）などの香草や調味料で洋風の風味づけを。

（ソースを作る）

材料を加熱したときに出る煮汁や焼き汁、肉汁などをベースに、調味料を加えてソースに仕立てるのが基本。主材料をよりおいしく食べるための重要なテクニック。

（揚げる）

フライは、小麦粉・卵・パン粉をまぶして中温～高温でからっと揚げる。衣をつけたらすぐに揚げるのがコツ。

ガーリックステーキ

ここがコツ

- 肉は焼く10分前には冷蔵庫から室温に出しておくと、早く平均に焼けます。
- 焼く直前に塩、こしょうをするのがポイント。早すぎると肉汁と一緒にうま味が逃げ出してしまいます。
- よく熱したフライパンにブランデーを注ぐと、すぐ鍋に火が入り、炎が高く上がります。こうしてアルコール分を飛ばし、ブランデーで風味づけすることをフランベといい、格段においしくなるテクニックです。

材料 ● 2人分

一人あたり 699 Kcal

牛ステーキ肉……2枚
塩、こしょう……各少々
にんにく……3～4かけ
ブランデー……大さじ1
（なければワインなどほかのお酒でも）
サラダ油……大さじ1
バター……小さじ1

A
- 水……¼カップ
- スープの素……少々
- しょうゆ……小さじ1

つけあわせ

じゃがいも……大1個

B
- 小麦粉……大さじ½
- バター……15g
- 塩、こしょう……各少々

クレソン……2枚

つけあわせを作る

1 じゃがいもの皮をむいて長さ５～６㎝、1.5㎝角の棒状に切り、水にさらす。

2 水気をきってラップでくるみ、電子レンジで１分30秒加熱し、固めに火を通す。

3 ペーパータオルなどで②の水気をふく。

4 ③にBの小麦粉をふりかけ、まぶす。

小麦粉 ×½

5 フライパンを中火にかけ、Bのバターを入れて熱し、④をこんがりと炒め、塩、こしょうして器に盛る。

バター 15g
塩、こしょう 各少々

下ごしらえ

6 にんにくの皮をむき、薄切りにする。

7 牛肉は、脂肪と赤身の間の数カ所に包丁の先を入れて筋を切る。

8 焼く直前に表と裏それぞれに塩とこしょうをふる。

塩、こしょう 各少々

焼く

9 ⑤のフライパンをふいてきれいにし、弱火にかけてサラダ油と⑥のにんにくを入れ、カリッと香ばしく炒めて取り出す。

サラダ油 ×１

10 ⑨のフライパンにバターを入れて強火にかける。

バター ×１

11 バターが少し色づいたら牛肉の表側を下にして入れ、フライパンをゆすりながら色よく焼く。

12 上下を返して両面焼く。

13 好みの焼き加減になったらブランデーをふりかけ、鍋に火を入れてアルコール分を飛ばし（フランベ）、⑤の器にステーキを盛る。

ブランデー ×１

仕上げ

14 ⑬のフライパンにAを加えて強火で煮立て、混ぜながら２分ほど煮詰めてステーキにかける。ステーキの上に⑨のにんにくを散らし、クレソンを添える。

水 ¼カップ　スープの素 少々
しょうゆ ×１

ビーフカレー

ここがコツ

●あらかじめ牛肉にきちんと下味をつけておきます。カレー粉も一緒にまぶしておくと、味がなじみやすくなります。

●玉ねぎが茶色になるまで炒めると、甘みとコクのあるカレーになります。最後に加える調味料Cで、好みの味に仕上げます。

●仕上げにヨーグルトやチョコレート少々を加えてもおいしくなります。

材料 ● 2～4人分

一人あたり 581 Kcal

牛シチュー用角切り肉（バラ、スネなど）……200 g

A
- 塩……小さじ½
- 黒こしょう……少々
- カレー粉……小さじ1

玉ねぎ……1個

しょうが……1かけ

にんにく……2かけ

じゃがいも……2個

にんじん……小1本

バター……10 g

（あれば）ブランデー…大さじ1

サラダ油……大さじ1

B
- 水……4カップ
- スープの素（あればビーフ）…小さじ2
- ローリエ……1枚

バター……5 g

小麦粉、カレー粉…各大さじ1½

りんご……½個

C
- 塩……小さじ⅔
- 黒こしょう……好みで
- トマトケチャップ…大さじ1
- ウスターソース、はちみつ……各小さじ1
- しょうゆ……小さじ2

温かいごはん……2人分

下ごしらえ

1 牛肉とAをビニール袋に入れて袋の上から手でもみ、よく混ぜ合わせて下味をつける。

塩 ×½ 黒こしょう 少々
カレー粉 ×1

2 玉ねぎを半分に切り、根元を切り離さないように縦に細かく切る。水平に1〜2本切れ目を入れ、端から切ってみじん切りにする。

3 しょうがとにんにくの皮をむいてすりおろす。

4 じゃがいもとにんじんの皮をむき、にんじんは乱切り、じゃがいもは食べやすい大きさに切る。

5 じゃがいもを水にさらす。

炒める

6 フライパンにバターを入れて中火にかけて熱し、①の牛肉を入れて表面を焼く。

バター 10g

7 おいしそうな焼き色が全体についたらブランデーをふりかけ、鍋に火を入れてアルコール分を飛ばし（フランベ）、火を止める。

ブランデー ×1

8 鍋にBを入れて煮立たせ、⑦を汁ごと加え、煮立ったら中火弱で15分煮る。

水 4カップ
スープの素 ×2
ローリエ 1枚

9 空いたフライパンにサラダ油を中火で熱し、②の玉ねぎを入れて炒める。

サラダ油 ×1

10 玉ねぎが透明になったら③のしょうがとにんにくを加える。

11 茶色になるまでじっくりとよく炒める。

12 ⑪にバターと小麦粉を加えてしっかり炒め、カレー粉を振り入れて焦がさないように少し炒め、⑧の鍋に加える。

バター 5g
小麦粉、カレー粉 各 ×1½

煮る

13 リンゴを皮ごとすりおろして加える。水気をきった⑤のじゃがいもと④のにんじんを加え、焦げつかないよう時々、鍋底をこすりながら約20分煮る。

仕上げ

14 野菜がやわらかくなったらCを加えて2〜3分混ぜながら煮る。器に温かいごはんを盛り、カレーをかけ、好みでらっきょを添える。

塩 ×⅔ 黒こしょう 好みで
トマトケチャップ ×1
ウスターソース、はちみつ 各 ×1
しょうゆ ×2

火加減マーク 弱火 中火 強火 調味料マーク 小さじ 大さじ

ハンバーグ

ここがコツ

- 肉だねを、粘りが出るまでよく混ぜるのがコツです。
- 肉だねに空気が入ったまま焼くと、焼き上がりに割れてしまうことがあります。しっかり空気を抜きましょう。
- ソースは手を止めずに混ぜ、一気に仕上げます。表面に浮いてくる泡が大きくなり、つやが出たらOK。

材料 ● 2人分

一人あたり 489 Kcal

肉だね

A
- 牛ひき肉（赤身）…200ｇ
- 玉ねぎ……½個（100ｇ）
- パン粉…………¼カップ
- 溶き卵……………½個分
- 塩…………………小さじ½
- こしょう、ナツメグ…各少々
- 牛乳……大さじ１～１½

サラダ油……………大さじ１

ソース

B
- 赤ワイン、トマトケチャップ…………………各大さじ２
- ウスターソース 大さじ１
- 水…………………¼カップ
- スープの素…………少々

つけあわせ

- グリーンアスパラガス…１束
- プチトマト（黄）………６個
- バター…………………………10ｇ
- 塩、こしょう………各少々

つけあわせを作る

1 グリーンアスパラガスの根元を1㎝位切り落とし、根元の固い部分の皮を厚めにむく。

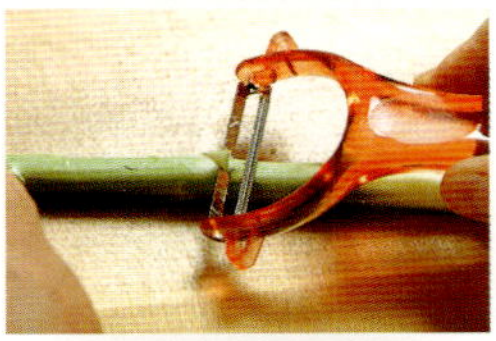

2 ①のはかま（茎についている三角形の薄皮）を取り、斜め切りにする。

3 フライパンを弱火にかけてバターを溶かし、②を炒めて塩、こしょうする。

バター 10g
塩、こしょう 各少々

下ごしらえ

4 玉ねぎは、根元を切り離さないように縦に細かく切り、水平に1～2本切れ目を入れる。

5 端から切ってみじん切りにする。

6 耐熱皿に入れてバターをちぎって乗せる。

バター 10g

7 電子レンジで、ラップなしで3～4分加熱し、冷ます。

肉だねを作る

8 ボウルに牛ひき肉、⑦の玉ねぎ、パン粉、溶き卵、塩、こしょう、ナツメグを入れる。

塩 小さじ×½
こしょう、ナツメグ 各少々

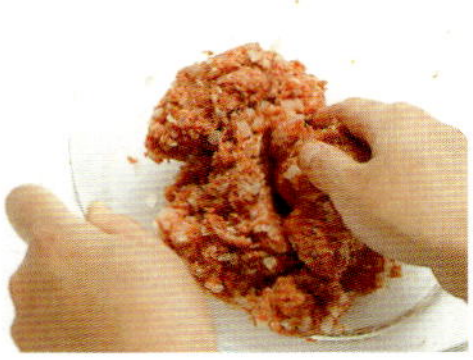

9 よく混ぜ合わせ、固い場合はまとめやすい固さになるよう牛乳を加えて調整し、粘りが出るまでよく混ぜる。

牛乳 小さじ×1～1½

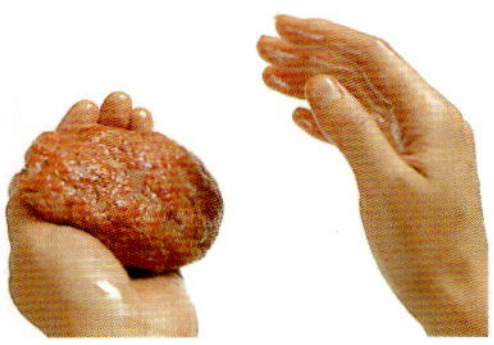

10 肉だねを2等分し、手に油少々（分量外）をぬって丸め、両手でキャッチボールするような要領で肉だねの空気を抜き、小判型にまとめる。

焼く

11 フライパンを中火弱にかけてサラダ油を熱し、⑩を入れて中央を少しくぼませる。

12 しっかりした焼き色がついたら裏返す。

13 ふたをして弱火にし、中まで火を通す。表面に澄んだ肉汁が浮き、ふっくらしてきたら焼き上がり。

ソースを作る

14 フライパンの汚れをペーパータオルでふき取り、Bを加える。

赤ワイン、トマトケチャップ 各 大さじ×2
ウスターソース 大さじ×1
水 ¼カップ スープの素 少々

15 中火にかけて木べらで底をこすりながら混ぜて煮立て、とろみがつくくらい煮詰める。

16 器にグリーンアスパラガス、プチトマトを添えて盛りつけ、ソースを上からかける。

火加減マーク 弱火 中火 強火　調味料マーク 小さじ 大さじ

ここがコツ

●衣はよく混ぜて粘りを出しましょう。すると豚肉にパン粉がたっぷりつき、サクサクの歯ごたえが楽しめます。

●パン粉をしっかりつけて、肉汁が出てこないうちにすぐ揚げるのがコツ。

●竹串で刺した時に白いアクが出てくるようなら、まだ火が通りきっていません。透明な肉汁が出てくるまで待ちましょう。

材料 ● 2人分

一人あたり 455 Kcal

豚ロース肉（とんかつ用）
……………………100ｇ×２枚
塩………………………小さじ⅓
こしょう …………………少々
小麦粉……………………適量

衣

A［水、小麦粉……各大さじ１
　　卵…………………………１個
パン粉……………………適量

つけあわせ

キャベツの葉……………２枚
ラディッシュ……………４個
パセリ……………………１枝
揚げ油、溶き辛子、
とんかつソース………各適量

とんかつ

下ごしらえ

1 キャベツを重ねて巻いてまな板にのせ、千切りにする。

2 ラディッシュは薄切りにして、①と混ぜ合わせる。

3 豚肉の脂と肉の間の数カ所に、包丁を入れて筋を切る。筋切りをしておかないと、焼いたとき縮んでそり返ってしまう。

4 肉叩きや空きびんなどで叩き、ひと回り大きくする。

5 ④の両面に塩、こしょうし、小麦粉を薄くまぶして、余分な小麦粉をはたいて落とす。

塩 小さじ×⅓
こしょう 少々

衣を作る

6 ボウルにAの卵と水を入れて混ぜ、小麦粉も加えてよく混ぜ合わせる。

水、小麦粉 各 大さじ×1

揚げる

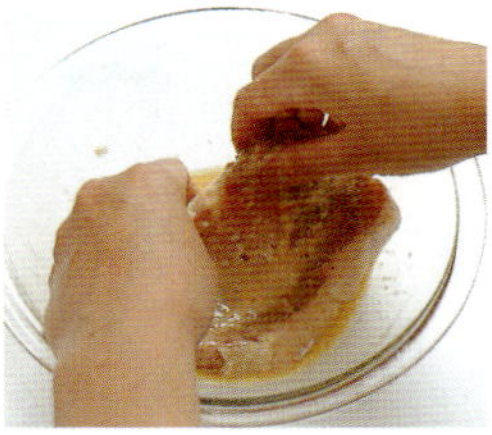

7 ⑤の肉を⑥の衣にくぐらせる。

8 ⑦にパン粉をまぶして手のひらで軽く押さえ、もう1度パン粉をつけて押さえる。

9 揚げ油を170℃（衣を少し落として、鍋底についてすぐあがってくる）に熱し、⑧を鍋のふちから滑らせるようにして入れ、中火弱で揚げる。

10 肉が浮き上がってきたら1度裏返し、温度を180℃（衣を少し落としてみて、中ほどまで沈んで上がってくる）に上げて中まで火を通し、きつね色にカラッと揚げる。

仕上げ

11 竹串をとんかつの中心に刺し、澄んだ肉汁が出てきたら火が通っている。器につけあわせととんかつを盛り、パセリを添える。好みで溶き辛子ととんかつソースでいただく。

火加減マーク 弱火 中火 強火　調味料マーク 小さじ 大さじ

鶏肉のホワイトシチュー

ここがコツ

●形を整え、煮くずれを防ぐために、野菜を面取りします。
●鍋に野菜を加える時は、軽く炒めて野菜に油をからめ、表面に油の膜を作るというつもりで。こうすると野菜にうまみがのり、煮くずれしにくくなります。
●白いシチューなので、バターで鶏肉を炒めるとき焦がさないように注意。
●ホワイトソースは電子レンジで作るとダマにならず、簡単に作れます。

材料 ● 2～4人分

一人あたり 792 Kcal

鶏もも肉…1枚（250～300ｇ）
塩……………………小さじ½
こしょう……………………少々
小麦粉………………大さじ½
バター……………………15ｇ
じゃがいも…2個（200～250ｇ）
にんじん………………小1本
マッシュルーム……1パック
ブロッコリー……………1個

スープ

A
- 白ワイン………¼カップ
- 水……………1½カップ
- スープの素……小さじ1
- ローリエ……………1枚

ホワイトソース

B
- 玉ねぎのみじん切り…¼個分
- バター………………20ｇ
- 小麦粉…………大さじ2
- 牛乳…………1½カップ

パルメザンチーズ…大さじ2
塩……………………小さじ¼
こしょう……………………少々

下ごしらえ

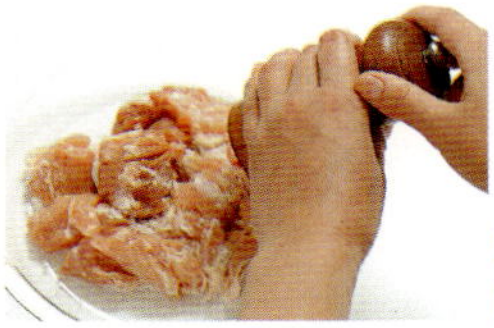

1 鶏肉についている余分な脂肪を切り取り、筋切りをしてひと口大に切って全体に塩、こしょうする。

塩 ×½
こしょう 少々

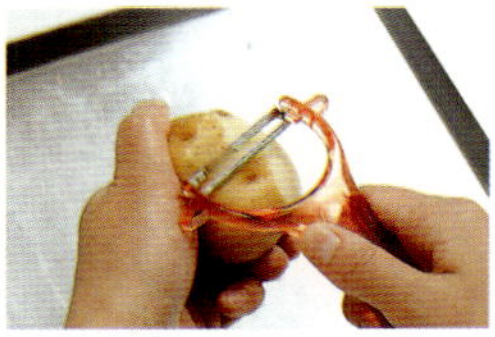

2 じゃがいもの皮をむく。

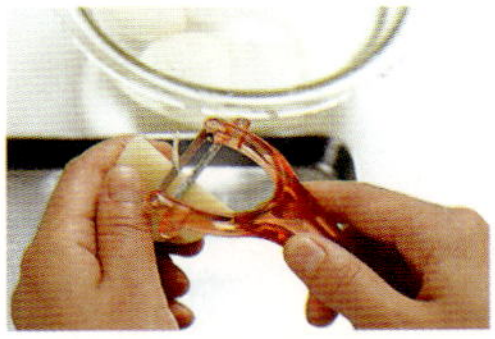

3 ひと口大に切り、ピーラーで角を落として面取りし、水にさらして水気をきる。

4 にんじんを厚さ1㎝の輪切りにして皮をむき、ピーラーで面取りする。

5 マッシュルームの石づきを切り落とし、ペーパータオルなどで汚れをふき取る。

6 縦半分に切る。

7 ブロッコリーの軸を切り、小房に分ける。

8 ①の鶏肉に小麦粉をまぶす。

小麦粉 ×½

炒める

9 鍋を中火にかけてバターを熱する。

バター 15g

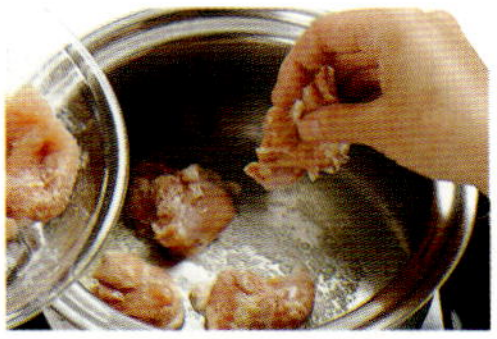

10 ⑧の鶏肉を入れて、表面をさっと焼く。

11 ③④⑥の野菜を加えて軽く炒め、全体に油を回すようにする。

煮込む

12 Aを加え、煮立ったらふたをして弱火で12分ほど煮込む。

白ワイン ¼カップ　水 1½カップ
スープの素 ×1
ローリエ 1枚

ホワイトソースを作る

13 耐熱ボウルにBの玉ねぎとちぎったバターを入れて混ぜ、ラップをしないで電子レンジ強に約2分かける。

バター 20g

14 Bの小麦粉を加え、玉ねぎにまんべんなく粉がからむようによく混ぜる。

小麦粉 ×2

15 Bの牛乳1カップを少しずつ加えて溶きのばし、もう一度電子レンジで3分加熱する。

16 泡立て器でなめらかになるまで混ぜ、さらに電子レンジで2分加熱する。

17 ⑯のホワイトソースに牛乳½カップを少しずつ加えてのばす。

仕上げ

18 鍋に⑦のブロッコリーを加え、2～3分煮て⑰のホワイトソースを加え、混ぜながらさらに2～3分煮る。パルメザンチーズ、塩、こしょうで味を整える。

パルメザンチーズ ×2
塩 ×¼　こしょう 少々

火加減マーク　弱火　中火　強火　調味料マーク　小さじ　大さじ

ロールキャベツ

ここがコツ

●キャベツは丸ごと買って、外側の大きな葉を使います。余った部分は、サラダやつけあわせに活用しましょう。

●キャベツの葉は電子レンジ加熱で。ゆでるより簡単です。

● 肉だねは、粘りが出るまで手でよく練りましょう。

●キャベツがやわらかくなるまでじっくり煮込むと、おいしくいただけます。

材料 ● 2人分　一人あたり 419 Kcal

キャベツの葉……6～7枚

肉だね

A
- 合いびき肉……150g
- 生しいたけ……4枚
- 玉ねぎ……¼個
- ベーコン（薄切り）‥2枚
- 溶き卵……½個分
- パン粉……大さじ4
- 塩……小さじ½
- こしょう、ナツメグ…各少々

（ナツメグがない場合は省いてもよい）

バター……15g

小麦粉……大さじ1

水……2½カップ

B
- スープの素…小さじ1½
- 塩……小さじ⅓
- こしょう……少々
- ローリエ……2枚

下ごしらえ

1 キャベツは、芯の回りに四角く切り込みを入れ、芯をくりぬく。

2 葉と葉の間に水を勢い良く流し込むと、葉を上手にはがしやすい。

3 葉を耐熱皿にのせてラップをかけ、電子レンジで４分くらい加熱し、ザルに広げて冷ます。葉についている芯を包丁でそぎ取る。肉だねを包むのに４枚使い、残りは煮込む時、すきまに詰める。

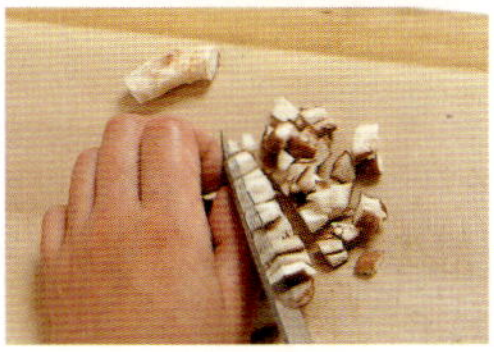

4 しいたけは軸を取り薄切りにしてからみじん切りにする。

5 玉ねぎ、ベーコン、③でそぎとったキャベツの芯もみじん切りにする。

肉だねを作る

6 ボウルにひき肉を入れて④⑤と肉だねの残りの材料Aを入れる。

溶き卵 ½個分　パン粉 ×４
塩 ×½
こしょう、ナツメグ 各少々

7 ⑥を練る。ボウルの側面に脂分がつき、粘りがでるまで手でよく練る。

8 練り上がった肉だねを４等分して、それぞれ俵型にまとめる。

巻く

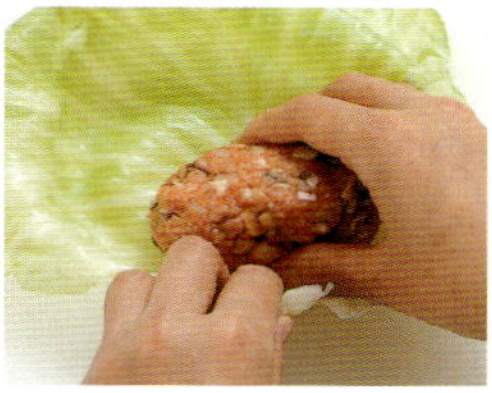

9 ③のキャベツの葉の芯の部分を手前に、内側を上にして置き、⑧の肉だねを手前の端にのせる。

10 そのままひと巻きし、片側の葉を内側にたたむ。

11 続けて巻き、最後に残った片側を内側に押し込む。残り３つも同様に作る。

煮込む

12 ロールキャベツ４個が並んで入るくらいの鍋に、バターと小麦粉を入れて弱火にかけ、バターを溶かしながら小麦粉を混ぜて炒める。

バター 15ｇ　小麦粉 ×１

13 全体が細かく泡だってきたら火を止めて、水2½カップを加えて溶きのばし、調味料Bを加える。

スープの素 ×１½
塩 ×⅓　こしょう 少々
ローリエ ２枚

14 ⑬の鍋に巻き終わりを下にしてロールキャベツを並べ、すきまに残りのキャベツを入れて、動かないようにする。落としぶたをして弱めの中火にかけ、40〜50分煮る。キャベツがやわらかくなったら器に盛って煮汁をかける。

ひとくちメモ

やわらかい春キャベツで作る時は、水の量を２カップくらいに減らし（スープの素もやや減らし）、20〜30分くらいでやわらかく煮えます。

ポテトコロッケ

ここがコツ

- じゃがいもは皮つきのまま電子レンジで加熱すると、水っぽくなりません。
- 隠し味にマヨネーズを加えると、なめらかさが加わり、冷めてもおいしくいただけます。
- コロッケの具には火が通っているので、表面がカラリと揚がればOK。強火で一気に揚げます。弱火だとべったりしてしまうので注意しましょう。

材料 ● 2〜3人分（コロッケ6個分）

一人あたり 640 Kcal

牛ひき肉……………………120 g
じゃがいも（男爵）……400 g
玉ねぎ…………………………½個
バター …………………………15 g
ホールコーン（缶）…大さじ 3
A［塩…………………小さじ½
　 こしょう、ナツメグ…各少々
マヨネーズ …大さじ 1 〜 1 ½

衣
B［小麦粉、水 …各大さじ 2
　 卵………………………… 1 個
パン粉…………………………適量

つけあわせ
キャベツの葉、レモン、
（あれば）イタリアンパセリ
………………………………各適量
トマト ………………………… 1 個
揚げ油 …………………………適量

下ごしらえ

1 じゃがいもをよく洗い、皮つきのまま半分に切る。切り口を水洗いし、耐熱皿に切り口を下にして並べ、ラップをかけて電子レンジで8～9分加熱する。竹串がスッと通るまで火を通す。

2 ①が熱いうちにフォークでつぶす。つぶしながら皮を取り除き、さらに細かくつぶす。

3 玉ねぎを根元を切り離さないように縦に細かく切る。水平に1～2本切れ目を入れ、端から切ってみじん切りする。

4 キャベツを重ねて巻いてまな板にのせ、千切りにする。

5 トマトをくし型に切る。

コロッケだねを作る

6 フライパンを中火にかけてバターを溶かし、③の玉ねぎを透きとおるまで炒める。

バター 15g

7 牛ひき肉を加え、色が変わってパラパラになるまで炒めてコーンを加え混ぜ、Aで味を調え火を止める。

塩 ×½

こしょう、ナツメグ 各少々

8 ⑦のフライパンに②のじゃがいもを加えて混ぜ合わせる。

9 バットに取り出して平らにならし、冷ます。冷めたらマヨネーズを加えて丸めやすい固さに調整する。

マヨネーズ ×1～1½

10 ⑨のコロッケだねを6等分して小判型にまとめる。

衣をつける

11 Bをよく混ぜて衣を作る。

小麦粉、水 各 ×2

卵 1個

12 ⑩のコロッケだねを⑪の衣にくぐらせる。

13 パン粉をまぶして形を整える。

揚げる

14 揚げ油を180℃（衣を少し落としてみて、中ほどまで沈んで上がってくる）に熱し、コロッケ半量（3個）を鍋のふちからすべらせるように入れる。

15 油の泡が細かくなり、コロッケが浮き上がってきたら上下を返し、全体にこんがりときつね色になったら取り出す。残り3個も同様に揚げる。

仕上げ

16 よく油をきり、コロッケを器に盛って、④⑤のキャベツとトマトを添える。

火加減マーク 弱火 中火 強火　調味料マーク 小さじ 大さじ

ここがコツ

●鮭に牛乳をふりかけてしばらくおくことで、生臭みを取り除くことができます。

●小麦粉は、焼く直前につけるのがコツ。時間がたつと魚の水分で、ベタついてしまい、きれいに焼けません。

●まんべんなく小麦粉をつけ、鮭を動かしながら焼くと、焼き色が均一に。指で鮭の表面を押してみて、すぐにはね返す弾力があれば、中まで焼けています。

材料●2人分

一人あたり 438 Kcal

生鮭切り身……………… 2切れ
牛乳…………………大さじ1½
塩………………………小さじ¼
こしょう ………………… 少々
小麦粉………………………適量
サラダ油、バター…各大さじ½

タルタルソース

A
- マヨネーズ……大さじ2
- レモン汁………大さじ½
- 玉ねぎのみじん切り…大さじ1
- パセリのみじん切り…大さじ½

つけあわせ

じゃがいも…………… 2個
塩、こしょう ………各少々
パセリ………………………適量

鮭のムニエル

下ごしらえ・ソースを作る

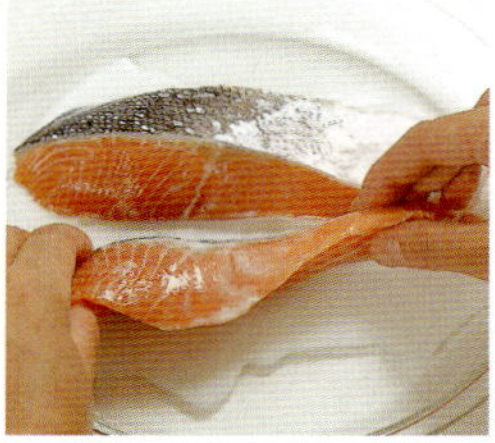

1 鮭を皿に入れ、牛乳をふりかけて表裏全体にまぶす。

牛乳 ×1½

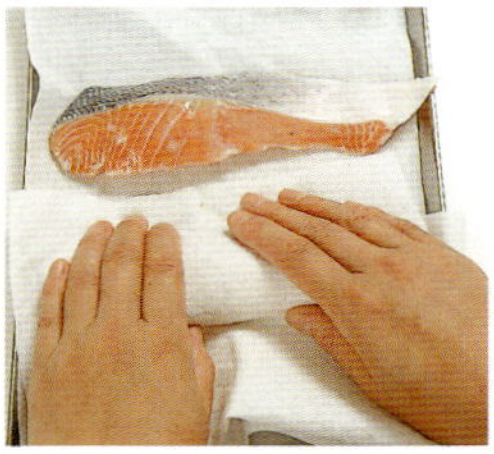

2 10分ほどおいて、ペーパータオルで水気をふき取る。

3 Aのマヨネーズとレモン汁を混ぜ合わせ、玉ねぎとパセリのみじん切りを加えて混ぜる。

マヨネーズ ×2
レモン汁 ×½

つけあわせを作る

4 じゃがいもは皮をむき、食べやすい大きさに切って煮くずれないよう角をとる。

5 さらに、芽を取り除いて水にさらす。

6 ⑤を鍋に入れ、かぶるくらいの水（分量外）を加えて、中火にかける。沸騰したら弱火にして15分ほどゆで、竹串がスッと刺さるくらいにやわらかくなったら、湯を捨てる。

7 再び中火にかけ、鍋をゆすって水気をとばす。じゃがいもの表面に白く粉がふいてきたら塩、こしょうで調味する。

塩、こしょう 各少々

焼く

8 ②の鮭の両面に塩、こしょうをふる。

9 バットに小麦粉を入れ、鮭の両面にたっぷりの粉をまんべんなくまぶす。手ではたいて余分な粉を落とす。

10 フライパンに油とバターを入れ、中火にかけて熱す。

サラダ油、バター 各 ×½

11 バターが縁から焦げ始めたら、鮭の皮を下にして並べ入れる。移動させながらまんべんなく焼き色をつけ、裏返して火をやや弱め、裏側もこんがりと焼いて火を通す。

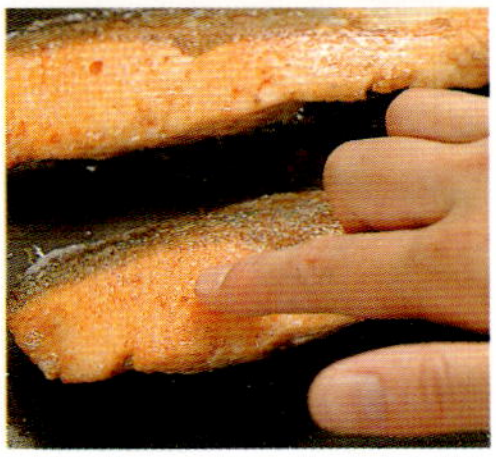

13 指で鮭の表面を押してみて、すぐにはね返す弾力があればOK。器に盛って③のタルタルソースをかけ、⑦の粉ふき芋とパセリを添える。

火加減マーク 弱火 中火 強火　調味料マーク 小さじ 大さじ

たらのホイル焼き

ここがコツ

●下ごしらえで白ワインをふりかけると、魚の臭みがとれ、香りよく蒸し上がります。
●たらは、塩だらではなく生たらを使います。淡泊な味のたらに、マスタードのアクセントをきかせて。
●アルミホイルは大きめに使って、しっかり封をします。焼き上がるとホイルが大きくふくらみます。

材料 ● 2人分　一人あたり 232 Kcal

生たら切り身 …………… 2切れ
白ワイン………………大さじ 2
(白ワインがなければ牛乳でもよい)
塩…………………………小さじ½
こしょう ……………………少々
きゅうりのピクルス(市販品)… 1本
トマト ……………………小 1 個
スライスチーズ ………… 2枚
マスタード …………小さじ 1
バジル、またはパセリ……少々
オリーブ油 …………小さじ 3
塩、こしょう …………各少々
レモン………………………½個

下ごしらえ

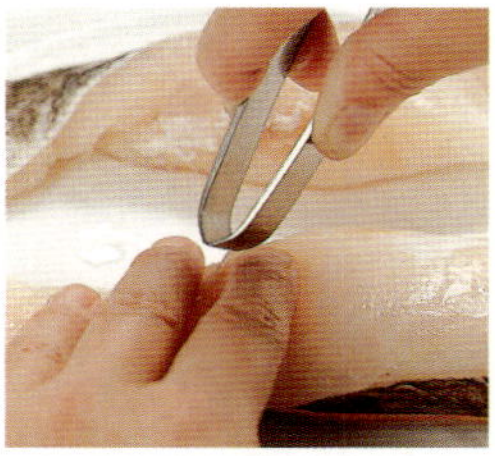

1 たらは小骨があれば、片手で身が割れないよう押さえながら、骨抜きで取り除く。

2 白ワインをふりかけて5～6分おく。

白ワイン ×2

3 水気をふき取り、両面に塩、こしょうする。

塩 ×½
こしょう 少々

4 きゅうりのピクルスは薄い小口切りにする。

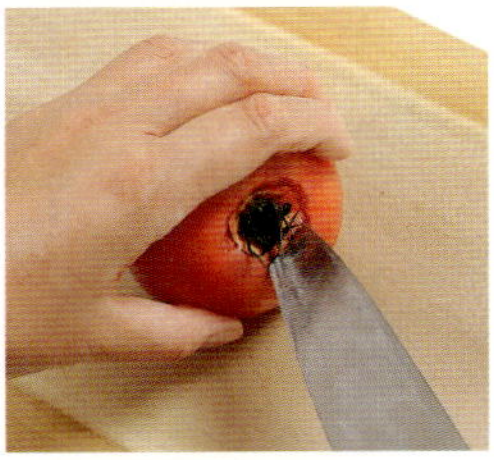

5 トマトはヘタを包丁の先でくりぬく。

6 ⑤を4～6枚の輪切りにする。

7 ざっと種を除く。

ホイルに包む

8 長さ25～28㎝に切ったアルミホイルを2枚用意する。ホイル全体にオリーブ油小さじ½ずつを指で伸ばし、③のたらを乗せ、たらの上側にマスタードを半量ずつ塗る。

マスタード ×1

9 たらの上に④のピクルス、⑦のトマトを乗せ、塩、こしょうする。

塩、こしょう 各少々

10 バジルの葉を散らし、それぞれにオリーブ油をふりかける。

オリーブ油 ×2

11 一番上にスライスチーズをかぶせ、ホイルの向こう側と手前を持ち上げて合わせる。

12 合わせ目を揃えて2回巻くように折る。

13 両側も2～3回折り、ふわっとゆとりをもたせて空気がもれないように閉じる。

焼く

14 オーブントースターの天板に⑬を乗せ、12～13分焼く。アルミホイルのまま器に盛り、くし型に切ったレモンとバジルの葉を添える。

ここがコツ

- えびの背ワタは入っているものといないものがあります。背ワタが見えないものは、そのまま調理してさしつかえありません。
- えびの尾には水分が含まれているので、そのまま揚げると油の中ではねてしまいます。端を切り、水分を出して。
- えびの腹側の筋を切ると、まっすぐきれいなフライができます。

材料 ● 2人分

一人あたり 426 Kcal

えび……大6尾
塩、こしょう……各少々
白ワイン……大さじ1
小麦粉……適量

卵液

A
- 卵……1個
- 水、小麦粉…各大さじ2

パン粉、揚げ油……各適量

タルタルソース

B
- マヨネーズ……大さじ2
- レモン汁……大さじ½
- 玉ねぎのみじん切り…大さじ1
- パセリのみじん切り…大さじ½

つけあわせ

キャベツの葉…2〜3枚分
紫玉ねぎのスライス…小½個分
レモン……½個

えびフライ

下ごしらえ・ソースを作る

1 えびは尾から一節分を残して殻をむく。

2 背を少し切り開いて、黒っぽい背ワタがあれば包丁の先で取り除く。

3 尾の先を斜めに切り落とし、指で押さえて尾の中の水を出す。

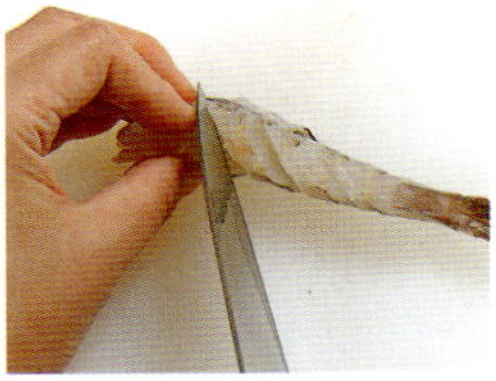

4 腹側に斜めに３～４本、切り込みを入れる。

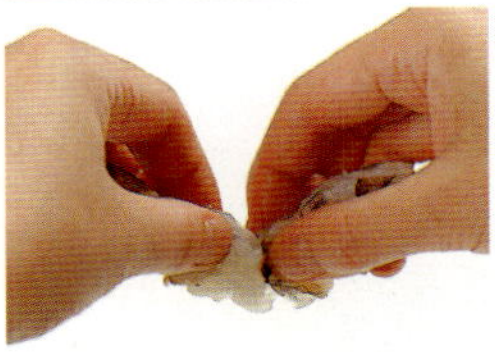

5 背側に折り曲げるようにして筋を切る。

6 ⑤のえびに塩、こしょう、白ワインをふりかけて５～６分おく。ボウルにAを入れてよく混ぜ合わせ、卵液を作る。

塩、こしょう 各少々
白ワイン 大さじ×1
卵 1個 水、小麦粉 各 大さじ×2

7 キャベツを重ねて巻いてまな板にのせ、千切りにする。紫玉ねぎを薄切りにする。レモンはくし型に切る。タルタルソースの材料Bを混ぜ合わせる。

衣をつける

8 ⑥のえびの水気をペーパータオルなどでふきとる。

9 ⑧に小麦粉をまぶして余分な粉をはたき落とす。

10 ⑨のえびを⑥の卵液にくぐらせ、パン粉をまぶす。

11 もう１度卵液にくぐらせ、パン粉をたっぷりとつける。

揚げる

12 揚げ油を180℃に熱し（卵液を少し落としてみて、中ほどまで沈んで上がってくる）、⑪を入れて揚げる。この時、尾を広げて持ち、そのまま油に入れると仕上がりがきれい。

13 浮き上がってきたら、上下を返しながらきつね色になるまで揚げ、取り出して油をきる。器に盛り、⑦のキャベツと紫玉ねぎを混ぜて盛り合わせ、レモンとタルタルソースを添える。

目玉焼き

ここがコツ

●あらかじめ卵を割っておくと、殻が入ってしまった時など取りやすく、フライパンに入れる時にもあわてないので、きれいに仕上がります。

●焼く時、卵の下にも水を回すと、白身が焦げてかたくなりません。黄身のやわらかさはお好みで焼き時間を加減してください。

材料 ● 2人分　一人あたり 94 Kcal

卵	2個
サラダ油	小さじ1
塩、こしょう	各少々

下ごしらえ

1 卵を小さなボウルなどに割り入れておく。

焼く

2 フライパンを中火にかけてサラダ油を熱し、卵を2個並べ入れる。サラダ油 ×1

3 白身が白くなってきたら水大さじ1（分量外）を卵の回りから流し入れ、フライパンを回して卵の下にも水を回す。ふたをして火を弱め、白い膜がかかったら塩、こしょうして火を止める。塩、こしょう 各少々

ひとくちメモ

新鮮な卵を使うのが、形よく仕上げるコツです。新鮮でない卵の黄身はふっくらと盛り上がらず、くずれやすいのです。

ゆで卵

ここがコツ

- 室温に戻してからゆでないと、ひび割れの原因になります。また、酢を入れてゆでるとひび割れた時に白身が流れ出るのを防いでくれます。
- 卵が湯の中でゴトゴトと踊るようでは火が強すぎ。沸騰する直前に弱火にします。
- 沸騰してからのゆで時間で黄身の固さが決まります。ただし、使う鍋や水の分量、火加減などにより多少違ってきます。1～2回ゆでてみて好みのゆで時間を覚えましょう。

材料 ● 2人分 一人あたり 76 Kcal

卵	2個
酢	小さじ1

ゆでる

1 卵は室温に15分ほどおいてから鍋に入れ、かぶるくらいの水と酢を加えて中火にかける。

酢 ×1

2 黄身を真ん中にしたい時は沸騰するまで菜箸で静かに卵を転がす。鍋全体が沸騰する直前に弱火にし、タイマーをセットする。

やわらかめの半熟	沸騰後4分
固めの半熟	沸騰後7分
固ゆで	沸騰後11分

むく

3 好みに合わせてゆでたら、すぐに冷水にとる。特に、半熟にしたい時は余熱で黄身に火が通ってしまうので、よく冷やす。全体を軽くボウルなどにぶつけてひびを入れて殻をむく。

4 水につけながらむくと、殻と白身の間に水が入ってむきやすい。

ここがコツ

●ゆでた野菜は熱いうちに下味をつけるとよくなじみ、味に奥行きが出ます。

●ポテトサラダはいろいろな料理にマッチするので、副菜としてとても便利。少し多めに作ってみては。冷蔵庫で2～3日は大丈夫です。

●盛りつけには、サラダ菜のほか、レタス、クレソン、トマトなど冷蔵庫にある野菜を取り合わせてみましょう。

材料 ● 2人分

一人あたり 361 Kcal

	じゃがいも	2個（200～250ｇ）
	にんじん	3㎝
A	塩、こしょう	各少々
A	酢	大さじ½
	玉ねぎ	¼個
	きゅうり	½本
	ハム	3枚
B	マヨネーズ	大さじ4
B	マスタード	小さじ1
	サラダ菜	4～5枚

ポテトサラダ

下ごしらえ

1 じゃがいもを皮ごと半分に切り、にんじんも皮ごと鍋に入れ、かぶるくらいの水を加えて中火にかける。皮ごとゆでた方がうまみが残り、水っぽくならない。

2 竹串を刺してみてすっと通るくらいのやわらかさになるまでゆでる。

3 水気をきり、箸と指を使って皮をむく。

4 ③のじゃがいもは厚さ5㎜、にんじんは厚さ3〜5㎜のいちょう切りにする。

5 ④が熱いうちにAを加えて混ぜ、粗熱を取る。

塩、こしょう 各少々
酢 ×½

6 玉ねぎは縦、横に切り目を入れ、端から切ってみじん切りにする。

7 ⑥の玉ねぎを水にさらす。

8 ⑦をふきんなどに包んで水気を絞る。

9 きゅうりを薄い輪切りにして塩少々（分量外）をふってしばらくおき、しんなりしたら水気を絞る。

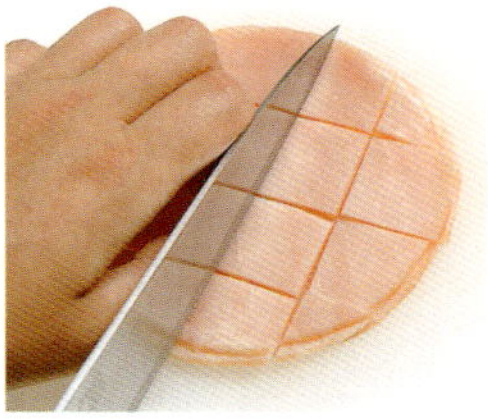

10 ハムを2㎝角に切り、ほぐしておく。

和える

11 大きめのボウルにBを入れて混ぜ合わせる。

マヨネーズ ×4
マスタード ×1

12 ⑪に⑤のじゃがいもとにんじん、⑧の玉ねぎ、⑨のきゅうり、⑩のハムを入れて混ぜ合わせる。器にサラダ菜を敷いて、盛る。

ここがコツ

●パスタをゆでる時は、なるべくたっぷりの湯に「多めかな」と思えるくらいの塩を加えてゆでます。
●袋に表示されたゆで時間より少し早めに、1本引き上げて噛んでみて、まだ真ん中に芯が残るくらいで引き上げると、食べる時にアルデンテの歯ごたえに。

材料 ● 2人分

一人あたり 784 Kcal

スパゲティ……………………160 g

ミートソース

A
- 牛ひき肉……………150 g
- 玉ねぎ……………………½個
- にんにく……………1かけ
- セロリ……………………½本
- マッシュルーム…1パック
- 小麦粉…………小さじ2
- 赤ワイン……………½カップ
- トマトの水煮（缶）……200 g

B
- スープの素（顆粒）…小さじ½
- トマトケチャップ……大さじ2
- ウスターソース……小さじ2

塩、こしょう、ナツメグ……各適量
オリーブ油……………大さじ3
パセリのみじん切り、
パルメザンチーズ………各適量

ミートソーススパゲティ

下ごしらえ

1 玉ねぎ、にんにくは縦、横に切り目を入れ、端から切ってみじん切りする。

2 セロリもみじん切りにする。

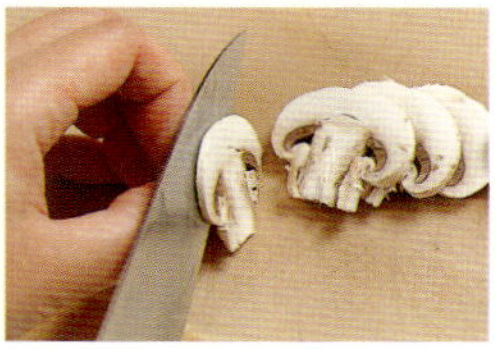

3 マッシュルームの石づきを切り、ペーパータオルで汚れを取って薄切りにする。

ソースを作る

4 フライパンにオリーブ油と①のにんにくを入れて弱火にかける。

オリーブ油 ×2

5 香りが立ったら中火にし、①の玉ねぎ、②のセロリを加えて炒める。

6 玉ねぎが色づいたらひき肉を加え、木べらでほぐしながら炒める。ポロポロになったら③のマッシュルームを加えて炒める。

7 火を弱めて小麦粉をふり入れ、1分ほど焦がさないように炒める。

小麦粉 ×2

8 赤ワインを加えて木べらで鍋底をこそげる。

赤ワイン ½カップ

9 トマトの水煮を手でつぶしながら汁ごと加え、水1カップ（分量外）とBを加えて中火で15分ほど煮込む。

スープの素 ×½
トマトケチャップ ×2
ウスターソース ×2

10 焦げそうになったら水を足しながら煮込み、ソースにとろみがついたら味をみて塩、こしょう、ナツメグで調味する。

塩、こしょう、ナツメグ 各適宜

パスタをゆでる

11 鍋にたっぷりの湯を沸かし、2ℓにつき大さじ1⅓の塩（分量外）を加える。

12 スパゲッティをパラパラとばらして入れ、ざっと混ぜてゆでる（ゆで時間はスパゲティの袋の表示を参考に）。

13 ゆであがったらザルに上げて水気をきり、オリーブ油（分量外）をからめて器に盛る。温めた⑩のソースをかけ、パセリとパルメザンチーズをふる。

オリーブ油 ×1

ひとくちメモ

スパゲティは1.4〜1.7㎜くらいの太さのものを。一般的に、細いパスタはオイル系などのあっさりしたソースに、太めのパスタは濃厚なソースにと使い分けるといいでしょう。

火加減マーク 弱火 中火 強火　調味料マーク 小さじ 大さじ

ここがコツ

●にんにくと赤唐辛子は焦げやすいので、火にかける前からフライパンにオリーブ油と一緒に入れ、弱火でゆっくり香りを引き出して。
●パスタのゆで上がりとソースの出来上がりが、できるだけ同じ時間になるように頑張ってください。パスタはすぐにのびてしまうので、注意しましょう。
●最近のあさりは砂出ししてあるものもあるので、そう表示されていれば砂出しはしなくて構いません。

材料 ● 2人分

一人あたり 683 Kcal

スパゲティ……………………………………160 g
あさり（殻つき）……………………………300 g
オリーブ油、白ワイン……………各大さじ 3
にんにく…………………………………… 1 かけ
赤唐辛子………………………………………… 1 本
塩、こしょう…………………………………各少々

ボンゴレビヤンコ

下ごしらえ

1 あさりはひたひたの海水くらいの塩水（水１カップに対して塩小さじ１）に入れ、新聞紙をかぶせて30分ほどおき、砂を吐かせる。

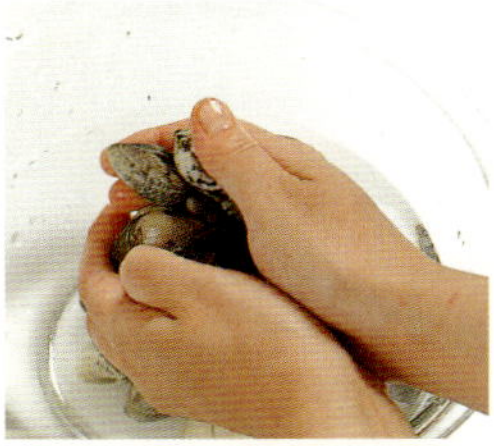

2 ①の殻同士をこすり合わせて水洗いし、水気をふく。

3 にんにくの皮をむいてみじん切りにする。

4 赤唐辛子を半分に切って種を出す。

5 鍋にたっぷりの湯を沸かし、２ℓにつき大さじ１⅓の塩（分量外）を加える。

6 スパゲティをパラパラとばらして入れ、ざっと混ぜてゆでる（ゆで時間はスパゲティの袋の表示を参考に）。

ソースを作る

7 フライパンにオリーブ油、③のにんにく、④の赤唐辛子を入れて弱火にかける。にんにくが色づきかけて香りが立つまでゆっくりと炒める。

オリーブ油 ×１

8 ②のあさりを加えて中火にし、白ワインをふりかけてすぐにふたをする。

白ワイン ×３

9 あさりの口が開くまで２分ほど蒸し煮する。

10 全部のあさりが開いたら、あさりをフライパンの片側に寄せてフライパンを傾け、出てきた煮汁に残りのオリーブ油を加える。

オリーブ油 ×２

11 ソースが泡立つまで煮詰める。

和える

12 スパゲッティがゆであがったらザルに上げて水気をきり、⑪のフライパンに加えて、鍋をふりながらトングでソースと和える。味をみて足りなければ塩、こしょうで味を調えて器に盛る。

塩、こしょう 各少々

チキンドリア

ここがコツ

●ベーコンを加えると、鶏肉だけよりもコクとうまみがアップします。

●マッシュルームの缶汁にもうま味があるので、捨てずにソースに加えましょう。

●焼いている間に乾燥するので、ご飯が出ていると表面が固くなってしまいます。ソースは表面全体にすきまなくかけてください。

材料 ● 2人分

一人あたり 805 Kcal

- 鶏もも肉……100ｇ
- ベーコン……1枚
- セロリ……⅓本
- マッシュルームの薄切り（缶）……小1缶（85ｇ）

ホワイトソース

- A
  - 玉ねぎのみじん切り…¼個分
  - バター……20ｇ
  - 小麦粉……大さじ2
  - 牛乳……1½カップ
- サラダ油……小さじ1
- バター……15ｇ
- 塩……小さじ⅓
- こしょう……少々
- 白ワイン……大さじ2
- スープの素（顆粒）…小さじ½
- ナチュラルチーズ（ピザ用）…50ｇ
- ごはん……300ｇ
- ガーリックパウダー……少々
- パセリのみじん切り……少々

下ごしらえ

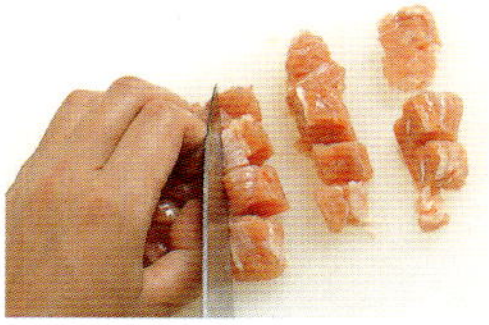

1 鶏もも肉を1～2㎝角に切る。

2 ベーコンを1㎝幅に切る。

3 セロリをみじん切りにする。マッシュルームの缶汁をきり、缶汁はとっておく。

ソースを作る

4 耐熱ボウルにAの玉ねぎのみじん切りとちぎったバターを入れて混ぜ、ラップをしないで電子レンジ強で2分くらい加熱する。

バター 20g

5 小麦粉をふるいながら加え、玉ねぎにまんべんなく粉がからむようによく混ぜる。

小麦粉 ×2

6 牛乳を少しずつ加えて溶きのばし、もう1度電子レンジで3分加熱する。

牛乳 1½カップ

7 ⑥を取り出して泡立て器でなめらかになるまで混ぜ、さらにレンジで2分加熱する。

8 フライパンを中火にかけてサラダ油とバター5gを入れ、①の鶏肉と②のベーコンを炒める。

サラダ油 ×1　バター 5g

9 鶏肉の色が変わったら③のセロリとマッシュルームを加えて炒める。塩、こしょうで調味し、白ワインをふる。

塩 ×⅓　こしょう 少々
白ワイン ×2

10 ⑨をボウルに取り出す。

11 ⑩に、⑦のホワイトソースと③でとっておいたマッシュルームの缶汁、スープの素を加えて混ぜ合わせる。

スープの素 ×½

焼く

12 温かいごはんにバター10gをちぎって加え、ガーリックパウダーを混ぜ合わせる。

バター 10g

13 グラタン皿にバター少々（分量外）を指でぬる。

14 ⑬のグラタン皿に⑫のごはんを平らに入れ、⑪のソースを表面全体に広げるようにかける。

15 ミックスチーズをふりかけて、220℃に予熱したオーブンの上段に入れ、12～13分、おいしそうな焼き色がつくまで焼く。出来上がったらパセリをふる。

強火でザッザッと作ろう 中華

中華料理は炎の料理と言われるように、
強火で大胆に、すばやく加熱するのがポイントです。
豆板醤《トウバンジャン》や甜麺醤《テンメンジャン》など
独特の調味料は中華の必需品。
料理の幅がかなり広がるので、
基本のものだけでもそろえたいものです。
調理に油を多用するのでカロリーはやや高めですが
野菜も含めさまざまな種類の素材を使うのも魅力です。

中華の基本テクニック

（準備）

材料は全部切り、合わせ調味料は前もって合わせて小さなボウルなどに用意しておく。下味をつける材料は、切って調味料をからませておく。

（下ごしらえ）

加熱が必要な材料は、下ゆでしたり、素揚げ（衣や粉をつけずそのままさっと揚げる。油通しともいう）したりしておく。

（香りづけ）

中華料理に欠かせないのが、香味野菜。にんにく、しょうが、ねぎ等のみじん切りを炒めたりして香りを立たせ、風味をよくする。

（炒める）

基本は強火。フライパンや鍋を充分温め、油を熱してから材料を入れる。鍋をゆすりながら、全体に火が通るようにする。

（とろみをつける）

水溶き片栗粉をよく混ぜて鍋にまわし入れ、汁に濃度をつける。すぐに火を止めずに、濃度がつくまで火を通す。

ここがコツ

●牛肉は、薄切り肉を使うと加熱すると縮れてしまい、形よく仕上がりません。やや厚みのある焼肉用を使うときれいに仕上がります。

●肉に下味をしっかりともみ込んで、片栗粉でうまみを封じ込めます。サラダ油を最後に加えてほぐすように混ぜると、炒めやすくなります。

材料 ● 2人分

一人あたり 658 Kcal

牛肉（焼き肉用）………150 g

下味

A
- 塩、こしょう……各少々
- 酒…………………小さじ 1
- 溶き卵……………½個分
- 片栗粉 …………大さじ 1
- サラダ油………大さじ½

ピーマン ……………………3 個

赤ピーマン………………小 1 個

にんにく …………………1 かけ

合わせ調味料

B
- オイスターソース、しょうゆ……………………各小さじ 2
- 砂糖、片栗粉 各小さじ 1
- 紹興酒、または酒 …大さじ 1
- 中華風スープの素（顆粒）…少々
- 水 ……………………大さじ 2

サラダ油…………………大さじ 2

長ねぎのみじん切り………大さじ 1

ごま油……………………小さじ 1

ピーマンと牛肉の細切り炒め

下ごしらえ

1 牛肉を繊維にそって細切りにする。

2 Aの塩～溶き卵を加えて手でよくもみ込み、片栗粉とサラダ油を混ぜる。

塩、こしょう 各少々　酒 小さじ×1
溶き卵 ½個分　片栗粉 大さじ×1
サラダ油 大さじ×½

3 ピーマンを縦半分に切ってヘタと種を取り、縦に細切りにする。にんにくは包丁を寝かせるように乗せ、上から叩いてつぶす。

4 Bをよく混ぜ合わせる。

オイスターソース、しょうゆ 各 小さじ×2
砂糖、片栗粉 各 小さじ×1
紹興酒、または酒 大さじ×1
中華風スープの素（顆粒） 少々
水 大さじ×2

炒める

5 フライパンを弱火にかけてサラダ油と③のにんにくを入れ、色づいて香りが立つまで炒める。

サラダ油 大さじ×2

6 強火にして②の牛肉を加え、箸でほぐしながら炒める。

7 ③のピーマンを加えて炒め、色が鮮やかになったら④の合わせ調味料をひと混ぜして加える。

8 長ねぎのみじん切りを入れ、フライパンをゆすりながら全体をよく混ぜる。

9 鍋肌からごま油を回し入れて、器に盛る。

ごま油 小さじ×1

ひとくちメモ

素材の大きさを揃えて切っておくと、火の通りが均等になります。

豚肉とキャベツの甘みそ炒め

ここがコツ

- ●シャキッとした状態をギリギリまで保つため、キャベツは炒める直前に水気をきりましょう。
- ●豚肉をよく炒めて充分に脂分を出してから野菜を加え、うまみをからめます。炒め方が足りないと、肉から水分が出て、味がぼやけてしまいます。
- ●キャベツのシャキシャキ感を生かすため、手早く味つけをして仕上げます。
- ●好みで合わせ調味料に豆板醤《トウバンジャン》を加えると、ピリ辛味が楽しめます。

材料 ● 2人分　　一人あたり 395 Kcal

豚バラ肉（薄切り）	100ｇ
キャベツ	200ｇ
ピーマン	2個
赤唐辛子	1本
にんにく	1かけ

合わせ調味料

A	甜面醤《テンメンジャン》	大さじ2
	しょうゆ	小さじ1
	酒	大さじ1
	こしょう	少々

サラダ油……大さじ1½、ごま油……大さじ½

下ごしらえ

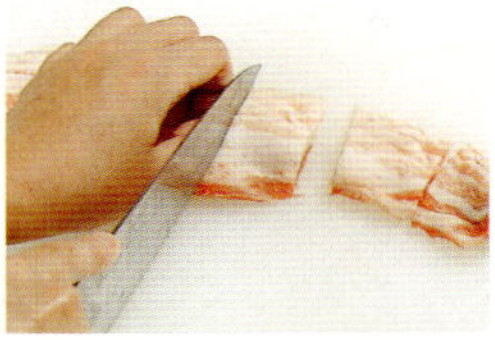

1 豚肉は、一度一枚ずつはがしてから、ひと口大に切る。

2 キャベツの葉についている芯を切り取る。

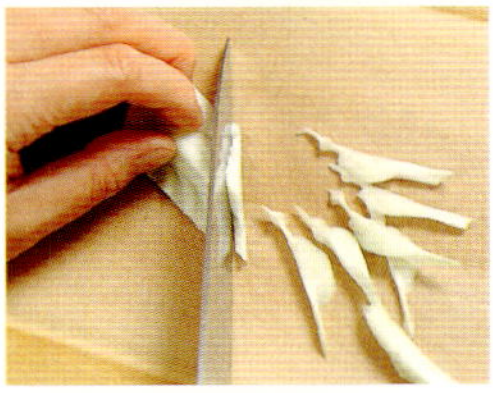

3 芯は斜め薄切りにする。

4 葉は大きめのざく切りにする。

5 ③④を氷水を入れたボウルに放してパリッとさせる。

6 ピーマンを縦半分に切ってヘタと種を取り、乱切りにする。

7 赤唐辛子のヘタを切って種を抜く。

8 にんにくを薄切りにする。

9 Aをよく混ぜ合わせる。

甜面醤《テンメンジャン》 ×2
しょうゆ ×1
酒 ×1 こしょう 少々

炒める

10 フライパンを強火にかけてサラダ油を熱し、水気をきった⑤のキャベツと⑥のピーマンを入れる。

サラダ油 ×1

11 さっと炒めて取り出す。

12 ⑪のフライパンにサラダ油を足し、⑦の赤唐辛子、⑧のにんにくを弱火で炒める。

サラダ油 ×½

13 香りが立ったら①の豚肉を加えて火を強め、箸でほぐしながら炒める。

14 豚肉がこんがり焼けたら、⑨の合わせ調味料を加えて肉にからめる。

15 すぐ⑪のキャベツとピーマンを戻し入れ、手早く炒め合わせる。

16 ごま油を鍋肌を伝わせて回し入れてひと混ぜし、器に盛る。

ごま油 ×½

火加減マーク 弱火 中火 強火　調味料マーク 小さじ 大さじ

焼き餃子《ギョウザ》

ここがコツ

- 肉だねが水っぽくならないよう、野菜の水気はしっかり絞りましょう。
- たねを混ぜ合わせてから少しおいて休ませると味がなじみ、しかも包みやすくなります。
- 最初につける焼き色はしっかりと。その後熱湯を加えるので、かなり色が落ちます。
- セロリやしいたけなどを加えてもおいしいです。

材料 ● 2人分（24～26個分）

一人あたり 554 Kcal

肉だね

豚ひき肉……………………250 g
キャベツ……………………200 g
にら……………………………½束
長ねぎ ………………………7 cm
しょうが……………………1 かけ

A
酒…………………………大さじ 2
水…………………………大さじ 1
しょうゆ…………………小さじ 2
塩…………………………小さじ⅓
こしょう…………………少々

ごま油……………………大さじ 1

餃子の皮…1袋（24～26枚入り）
サラダ油……………………大さじ 1
ごま油………………………小さじ 1
しょうゆ、酢、ラー油
……………………………各適量

下ごしらえ

1 キャベツの葉についている芯を切り取る。

2 葉を千切りにしてからみじん切りにし、塩小さじ¼（分量外）をまぶしてしばらくおく。

3 ②の水気を絞る。

4 にらと長ねぎをみじん切りにする。

5 しょうがの皮をむいてすりおろし、絞る。

6 ボウルに豚ひき肉を入れ、⑤とAを順に加えて粘りが出るまでよく混ぜる。

酒 ×2　水 ×1
しょうゆ ×2　塩 ×⅓
こしょう 少々

7 ③のキャベツと④のにら、長ねぎ、ごま油を加え混ぜ、できれば少し冷蔵庫で休ませる。

ごま油 ×1

包む

8 餃子の皮を手に乗せ、大さじ山盛り1杯の肉だねを中央にのせ、皮の縁に指で水（分量外）をぬる。

9 向こう側の皮に右端からひだを寄せながら、手前の皮にしっかりとつける。

10 包んだ餃子は水分が出て皮が破れやすいので、ペーパータオルの上に並べていく。

焼く

11 フライパンを中火にかけてサラダ油を熱し、餃子の半量を並べてしっかり焼き色をつける。

サラダ油 ×1

12 熱湯（分量外）を餃子の半分の高さまで、鍋の隅から注ぐ。ふたをして強火にし、約3分焼く。

13 ⑫のふたをずらして湯を捨て、水気を飛ばす。

14 ごま油を鍋肌から加え、フライパンを回して餃子の下に油を回し、取り出して器に盛る。残りも同様に焼く。好みでしょうゆ、酢、ラー油をつけていただく。

ごま油 ×1

ここがコツ

●豚ひき肉をよく冷やしておくのがコツ。調味料が入りやすく肉汁が出ないので、プリプリとした出来上がりになります。

●豚ひき肉にAの材料を加えるごとに、よく混ぜます。一度に混ぜると粘りがでにくく、うまくまとまりません。

●全体をかき混ぜながら揚げると、表面が均等に色づき、おいしそうに仕上がります。

材料 ● 2人分

一人あたり 337 Kcal

豚ひき肉……200 g

A
- 酒……大さじ 1
- しょうゆ……小さじ 1
- 塩、こしょう、五香粉《ウーシャンファン》……各少々
- （五香粉はなければ省いてもよい）
- 長ねぎ……5 cm
- しょうが……1 かけ
- 溶き卵……½個分
- ごま油、片栗粉……各小さじ 1

サラダ菜、花椒《ホワジャオ》塩（山椒塩、なければ省いてよい）……各少々

揚げ油……適量

肉だんご

下ごしらえ

1 長ねぎをみじん切りにする。

2 しょうがをすりおろす。

肉だねを作る

3 ボウルにひき肉を入れ、手の指を広げて同じ方向に回転させてよく練り混ぜる。

4 Aの材料を酒から順にごま油まで入れながら、粘りが出てくるまで練り混ぜる。最後に片栗粉を加えて混ぜる。

- 酒（大さじ）×1　しょうゆ（小さじ）×1
- 塩、こしょう、五香粉 各少々
- しょうがのすりおろし（小さじ）×1
- 長ねぎのみじん切り（大さじ）×2
- 溶き卵 ½個分
- ごま油、片栗粉 各（小さじ）×1

5 手にサラダ油（分量外）をつけて食べやすい大きさのだんごに丸める。

揚げる

6 揚げ油を170℃に熱し（肉だねを少し落としてみて、鍋底についてすぐ上がってくる）、⑤のだんごを静かに落とし入れる。

7 浮き上がってきたら、全体をゆっくりかき混ぜながら2～3分揚げる。

8 色よくきつね色に揚げ、油をきる。器にサラダ菜を敷いて盛り、好みで花椒塩などをふりかけていただく。

ひとくちメモ

風味づけに加える五香粉《ウーシャンファン》は、八角、桂皮、丁字、花椒、陳皮などの香辛料を混ぜ合わせたもの。なければ省いてもかまいませんが、あるとより本格的な中華の味わいになります。

棒々鶏《バンバンジー》

ここがコツ

●大根おろしをかぶせて電子レンジで加熱すると、鶏肉のアクや余分な脂を大根が吸収し、臭みが消え、肉がやわらかくなります。

●鶏肉は熱いうちに切るとおいしい肉汁が流れてしまうので、粗熱が取れて落ち着いてから切り分けます。

材料 ● 2人分

一人あたり 511Kcal

鶏もも肉 ……… 1枚（300ｇ）
長ねぎの薄切り、しょうがの薄切り ……………… 各3～4枚
大根おろし ………… ½カップ
きゅうり …………………… 1本

棒々鶏ソース

A
- 芝麻醤《チーマージャン》または練り白ごま ………………… 大さじ1½
- 砂糖、酢 …… 各大さじ1
- しょうゆ …… 大さじ1½
- 豆板醤《トウバンジャン》 ………… 小さじ½
- 長ねぎのみじん切り … 大さじ1
- しょうがのみじん切り … 小さじ1

下ごしらえ

1 長ねぎとしょうがを、それぞれ3～4枚の薄切りにする。

2 ソース用に長ねぎをみじん切りする。

3 しょうがも皮をむいてみじん切りする。大根をすりおろす。

4 きゅうりの両端を切り落とし、ピーラーで縦に長く薄切りにする。冷水にさらしてパリッとさせ、水気をよくきって器に盛る。

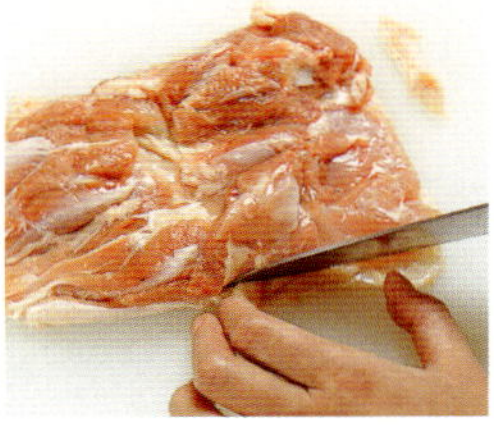

5 鶏肉についている余分な脂肪を切り取り、筋を切る。

蒸す

6 ⑤の皮を上にして耐熱皿に乗せ、①の長ねぎとしょうがの薄切りを乗せる。

7 ③の大根おろしを汁ごと上にかぶせるように乗せる。

8 ラップをかけ、電子レンジ強で6～7分加熱し、そのまま3分おいて余熱で火を通す。

ソースを作る

9 Aの芝麻醤～豆板醤を順に加えてよく溶き混ぜる。

- 芝麻醤、しょうゆ 各（大さじ）×1½
- 砂糖、酢 各（大さじ）×1
- 豆板醤（小さじ）×½

10 ⑨に②③の長ねぎとしょうがのみじん切りを加えて混ぜる。

仕上げ

11 ⑧の鶏肉から大根おろしと長ねぎ、しょうがを取り除き、そぎ切りにして④のきゅうりの上に乗せ、⑩のソースをかける。

ひとくちメモ

ごまだれを作るとき、芝麻醤に先にしょうゆを混ぜるとダマになって混ざらないので、砂糖と酢を混ぜてから加えるとなめらかなソースに。

ここがコツ

●料理名の芙蓉の花のようにふんわりと焼き上げるには、油を多めに使うのがコツ。
●あんの片栗粉はすぐに固まるので、一カ所に流し入れず、全体に細く回し入れます。
●万能ねぎの代わりにわけぎでも構いません。

材料 ● 2人分

一人あたり 345 Kcal

かにの身（缶詰）…小1缶（80g）
卵……4個
万能ねぎ……2～3本
塩、こしょう……各少々

甘酢あん

A
- 水……½カップ
- 中華スープの素（顆粒）……小さじ⅓
- 砂糖……大さじ½
- しょうゆ、酢…各大さじ1
- 塩……少々

水溶き片栗粉

B
- 片栗粉……小さじ1
- 水……小さじ2

サラダ油……大さじ2
ごま油……小さじ1

かに玉

下ごしらえ

1 かにの身は軟骨があれば取り除き、身を粗くほぐす。缶汁はとっておく。

2 万能ねぎを斜め切りにする。

3 Aを混ぜ合わせる。片栗粉を水で溶く。

水 ½カップ
中華スープの素 ×⅓
砂糖 ×½
しょうゆ、酢 各 ×1
塩 少々

4 ボウルに卵を割り入れて溶きほぐし、①のかにの身と缶汁、②の万能ねぎ、塩、こしょうを加えて混ぜる。

塩、こしょう 各少々

焼く

5 小さめのフライパンを強火にかけてサラダ油を熱し、④を流し入れる。

サラダ油 ×2

6 ふくらみ始めたら卵の中にサラダ油を混ぜ込むように、木杓子で手早く大きく混ぜる。

7 火を弱め、丸く形を整えて半熟状に焼く。おいしそうな焼き色がついたら手早く鍋をふって裏返し、中までふんわりと火を通して器に移す。

甘酢あんを作る

8 ⑦のフライパンに③の甘酢あんの材料を入れて中火で熱し、鍋底をこそげるようにして混ぜ、煮立ってきたら水溶き片栗粉Bをもう一度混ぜながらまわし入れ、とろみをつける。

9 ⑧にごま油をたらして火を止める。器に盛り、卵にたっぷりと甘酢あんをかける。

ごま油 ×1

ひとくちメモ

にらを加えたアレンジは、味にアクセントがついて、また違ったおいしさです。にらを1㎝長さに切って、じゃことー緒に卵に混ぜて焼きます（にら玉）。

ここがコツ

●えびは火を通しすぎると固くなってしまいます。手順を頭に入れておいて、手早く調理しましょう。
●豆板醤《トウバンジャン》を炒めて香りと辛味を立てることがポイント。「大人のえびチリ」に仕上がります。
●豆板醤は好みで量を加減してください。

材料 ● 2人分

一人あたり 219 Kcal

えび（殻付き）…………200g

下味

A
- 酒………………小さじ1
- 塩、こしょう……各少々
- 片栗粉…………大さじ2

にんにく、しょうが…各1かけ
長ねぎ……………………5cm
豆板醤……………小さじ1弱

合わせ調味料

B
- トマトケチャップ…大さじ2
- 酒、砂糖……各大さじ1
- しょうゆ、酢、片栗粉………………各小さじ1
- 塩………………小さじ¼
- 水………………¼カップ

ごま油………………小さじ1
揚げ油…………………適量
（あれば）香菜…………少々

えびのチリソース炒め

下ごしらえ

1 にんにくをみじん切りにする。しょうがの皮をむいてみじん切りにする。

2 長ねぎをみじん切りにする。

3 Bを混ぜ合わせる。

トマトケチャップ 大さじ×2
酒、砂糖 各 大さじ×1
しょうゆ、酢、片栗粉 各 小さじ×1
塩 小さじ×¼ 水 ¼カップ

4 えびの殻をむいて、つまようじなどを横から背中にさしこみ、そっと持ち上げて背ワタを取る。

5 Aの酒、塩、こしょうをえびにまぶし、さらに片栗粉をまんべんなくまぶす。

酒 小さじ×1 塩、こしょう 各少々
片栗粉 大さじ×2

揚げる

6 フライパンに揚げ油を170℃に熱し（えびを落としてみて、鍋底について すぐ上がってくる）、⑤を入れて上下を返しながら揚げる。

7 赤くカラッと揚がったら取り出して油をきる。

炒める

8 フライパンの揚げ油を大さじ１ほど残してあけ、①のしょうが、にんにく、豆板醤を入れて弱火で炒める。

豆板醤 小さじ×１弱

9 香りが立ったら③をもう一度混ぜて加え、強火にしてとろみがつくまで混ぜる。

10 ⑨に⑦のえびを戻して手早くからめる。②の長ねぎを散らし、ごま油を鍋肌を伝わせて回し入れ、ひと混ぜして器に盛る。あれば香菜を飾る。

ひとくちメモ

そのままご飯にのせて丼仕立てにしても、また揚げビーフン、炒めビーフンを添えて一緒にいただいてもいけます。セロリやしいたけなどの野菜を加えると、ボリュームも出て、栄養価も高まります。

トマトとしいたけの卵スープ

ここがコツ

●トマトの種を取ると舌ざわりのなめらかなスープに。
●片栗粉を加えてから卵を回し入れると、ふんわりとした流し卵になります。できるだけ細く流し入れるのがきれいに仕上げるコツ。

材料 ● 2人分　　一人あたり 86 Kcal

トマト……………………小1個
生しいたけ………………2枚
万能ねぎ…………………1本
卵…………………………1個

水溶き片栗粉

A ［ 片栗粉…………小さじ1
　　水………………小さじ1

鶏スープ…………2½カップ
（水2½カップに顆粒の鶏スープの素小さじ1½を溶いたもの）
塩……………………小さじ½
こしょう…………………少々
しょうゆ……………小さじ⅓
ごま油………………小さじ1

下ごしらえ

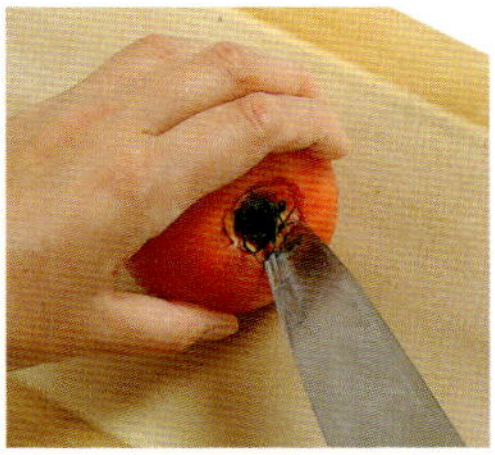

1 トマトはヘタを包丁の先でくり抜く。

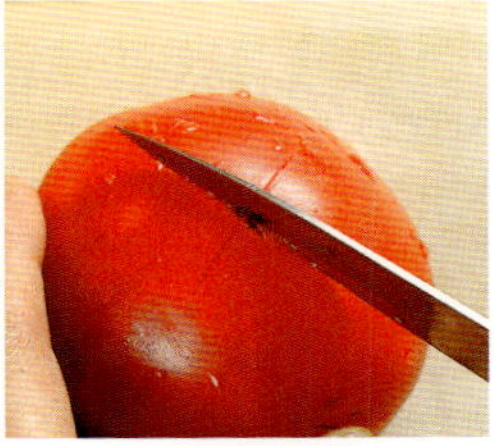

2 花つき（ヘタの反対側のとがった部分）に十文字の浅い切れ目を入れる。

3 熱湯（分量外）に②のトマトをさっとくぐらせる。

4 すぐに冷水に取り、薄皮をむく。

5 横半分に切って、スプーンの柄などでざっと種を取る。

6 ⑤を２㎝角に切る。

スープを作る

7 生しいたけは軸を取って細切りにする。万能ねぎは斜め薄切りにする。

8 卵は溶きほぐしておく。片栗粉を水で溶く。

9 鍋に鶏スープを入れて中火にかけ、塩、こしょう、しょうゆを加えて煮立てる。そこに⑥のトマト、⑦のしいたけを入れてひと煮立ちさせる。

塩 ×½　こしょう 少々
しょうゆ ×⅓

10 玉杓子で混ぜながら⑧の水溶き片栗粉Aをもう１度混ぜて回し加える。煮立てて薄いとろみをつける。

11 そこに⑧の卵を、菜箸を伝わらせて細く流し入れる。⑦の万能ねぎとごま油を加え、ひと煮立ちさせて火を止める。

ごま油 ×１

ひとくちメモ

もう少しボリュームを出したいとき、鶏ささみを一口大に切って塩、こしょうし、片栗粉をまぶしてスープに加えてみましょう。

麻《マー》婆《ボー》豆《ドウ》腐《フ》

ここがコツ

- 水っぽくならないように豆腐の水切りはしっかりと。電子レンジだと手早くできます。
- 豆板醤を炒めてしっかり辛味を出します。豆板醤の量は好みでプラスしてください。今回の分量は中辛です。
- 豆腐を煮すぎるとかたくなっておいしさが半減します。

材料 ● 2人分

一人あたり 576Kcal

木綿豆腐……………………1丁
豚ひき肉…………………100g
長ねぎ……………………10cm
にんにく………………1かけ
豆板醤《トウバンジャン》、（あれば）豆鼓《トウチ》…各小さじ1

合わせ調味料

A
- 甜面醤《テンメンジャン》…………大さじ2
- 紹興酒、または酒…大さじ1
- 中華風スープの素（顆粒）…小さじ1
- こしょう……………少々
- 水………………⅔カップ

水溶き片栗粉

B
- 片栗粉………小さじ1½
- 水……………………小さじ3

サラダ油……………大さじ2
酢……………………小さじ½
ごま油………………小さじ1
（あれば好みで）花椒粉《ホワジャオ》…少々

下ごしらえ

1 豆腐をペーパータオル2枚で包み、電子レンジで3分30秒加熱して水きりする。

2 厚みを半分に切ってから縦横に包丁を入れ、1～2㎝角に切る。

3 長ねぎは縦に細かく切り目を入れ、端から細かく切ってみじん切りにする。

4 にんにくをみじん切りにする。

5 豆鼓もみじん切りにする。

6 Aを混ぜ合わせる。片栗粉を水で溶く。

甜面醤 ×2
紹興酒、または酒 ×1
中華風スープの素 ×1
こしょう 少々　水 ⅔カップ

炒める

7 フライパンにサラダ油と④のにんにくを入れて弱火にかけ、香りが立ったらひき肉を加えて中火にし、ほぐしながら炒める。

サラダ油 ×2

8 肉の色が変わってポロポロになったら、⑤の豆鼓、豆板醤を加えて香りよく炒める。

豆板醤、(あれば)豆鼓 各 ×1

9 ⑥の合わせ調味料と②の豆腐を加え、2～3分煮て豆腐に味を含ませる。

10 ⑥の水溶き片栗粉Bを、2～3回に分けて円を描くように少しずつ加え、そのつど鍋をゆすりながら混ぜて、好みの加減にとろみをつける。

11 ③の長ねぎを加え、酢とごま油も加えてひと混ぜし、器に盛って好みで花椒粉をふる。

酢 ×½　ごま油 ×1

ひとくちメモ

花椒粉はピリピリしびれるような辛味。大豆を発酵させた豆鼓もうまみと塩味をプラスしてくれます。どちらも本場の麻婆豆腐には欠かせない香辛料と調味料です。

ここがコツ

- 春雨は余分な水分を吸ってくれるので、春巻きには欠かせない素材。固めに戻したほうが歯ごたえよく仕上がります。
- 春巻きを包む時は、なるべくすきまを作らないように。すきまから空気が入ると、油の中で破れやすくなります。
- 揚げ油の温度は低めでじっくり揚げたほうが色よく仕上がります。

材料 ● 2人分（10本分）

一人あたり 840 Kcal

豚肉（切り落とし）……100g
A［塩、こしょう……各少々
　 酒、片栗粉…各小さじ1
春雨……………………………30g
にんじん……………………5㎝
たけのこ（水煮）…………50g
もやし………………………80g
生しいたけ…………………4枚
しょうがのみじん切り…小さじ1
オイスターソース…小さじ2
塩………………………小さじ¼
砂糖……………………小さじ½
こしょう…………………………少々
ごま油…………………小さじ1
春巻の皮…………………10枚
のり
B［小麦粉………大さじ1½
　 水…………………大さじ2
サラダ油……………大さじ2
（好みで）酢、しょうゆ、
溶き辛子………………各適量
揚げ油……………………適量

春巻き

下ごしらえ

1 豚肉を粗みじん切りにし、Aをまぶしておく。

塩、こしょう 各少々
酒、片栗粉 各 ×1

2 春雨をぬるま湯（分量外）につけて2～3分おき、固めに戻す。ザルに上げ、水気をきって5～6㎝長さのざく切りにする。

3 にんじんの皮をむいて薄切りにしてから千切りにする。たけのこも薄切りにしてから千切りにする。

4 もやしのひげ根を取り、洗って水気をきる。

5 生しいたけの軸を取って千切りにする。しょうがの皮をむいてみじん切りにする。

6 Bの小麦粉に水を加えてよく練ってのりを作る。

具を炒める

7 フライパンを中火にかけてサラダ油を熱し、⑤のしょうがを加えてさっと炒める。香りが立ったら①の豚肉を加えて炒め、色が変わったら取り出す。

サラダ油 ×1

8 ⑦のフライパンにサラダ油大さじ１を加えて強火で熱し、③④⑤の野菜をさっと炒める。

サラダ油 ×1

9 ⑧にオイスターソース、塩、砂糖、こしょうを加えて調味し、⑦の豚肉を戻し、②の春雨を加えてほぐしながらひと炒めし、ごま油を鍋肌を伝わせて回し入れる。

オイスターソース ×2
塩 ×¼　砂糖 ×½
こしょう 少々　ごま油 ×1

10 ⑨をバットに広げて冷まし、10等分する。

巻く

11 春巻の皮を、角を手前にして置き、向こう側の2辺に⑥ののりをつけ、⑩の具を手前にのせる。

12 手前からしっかりひと巻きする。

13 左右の端を中心に向かって折り込む。

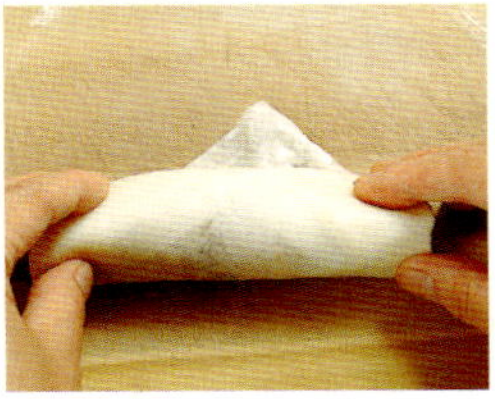

14 最後まで巻いてとめる。10本作る。

揚げる

15 揚げ油を160℃に熱し、⑭の半量ずつを入れてゆっくりきつね色に揚げる。器に盛り、好みで酢じょうゆに練り辛子を溶いて食べる。

火加減マーク　弱火　中火　強火　調味料マーク　小さじ　大さじ

ここがコツ

●卵液をあらかじめご飯にからめておくと、卵液がご飯の一粒一粒に膜を作ったようになり、ぱらりと仕上がります。

●炒める時には、鍋をふりながらご飯の上下を返すように混ぜ、まんべんなく火があたるようにするとパラッと仕上がります。

●仕上げにしょうゆを加えると、味もしまり、香りもよくなります。

材料 ● 2人分

一人あたり 482 Kcal

卵 …………………………… 2個
焼豚 …………………… 3～4枚
万能ねぎ……………… 3～4本
冷ごはん …………………300g
塩……………………小さじ½
こしょう ……………………少々
ごま油…………………大さじ½
鶏がらスープの素（顆粒）
…………………………小さじ1
サラダ油 …………大さじ1½
しょうゆ ……………………少々

卵のパラパラ炒飯

下ごしらえ

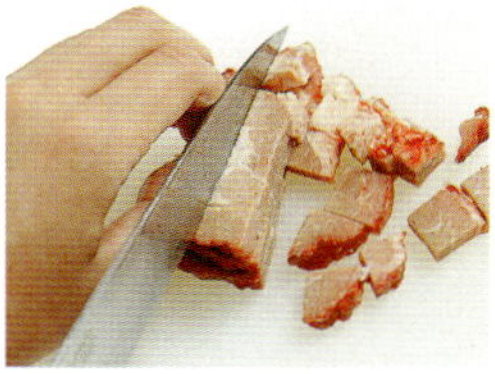

1 焼豚を1cm角に切る。

2 万能ねぎを小口切りにする。

3 大きめのボウルに卵を溶きほぐす。

4 ③に冷やごはんを入れ、塩、こしょう、ごま油、スープの素を入れてよく混ぜる。ごはんに卵で膜を作るようなイメージで。

塩 ×½　こしょう 少々
ごま油 ×½
鶏がらスープの素 ×1

炒める

5 フライパンを中火にかけ、サラダ油を熱する。④を入れ、弱めの中火で炒める。最初は静かに、木杓子で切るように炒める。

サラダ油 ×1½

6 卵が半熟くらいになったら①の焼き豚を加えて炒め合わせる。

7 ②の万能ねぎも加えて、鍋をふりながら炒める。

8 ご飯がパラパラになったら、鍋肌を伝わせてしょうゆを回し入れて仕上げる。

しょうゆ 少々

ひとくちメモ

焼豚の代わりに豚肉や牛肉、ひき肉を加えてもおいしくいただけます。最初に肉を炒めてから、卵ごはんを加えてください。

卵液にみじん切りのほうれん草やパセリを加えてもいいでしょう。緑の分量が多くなって彩りもきれいです。

五目焼きそば

ここがコツ

- 麺にしょうゆをからめておくと、きれいな焼き色がつき、おいしそうに仕上がります。
- 豚肉とえびに片栗粉をからめ、うまみを封じ込めて使います。
- 固い野菜は下ゆでしてから炒めることで、火の通りが全体で均一になります。
- 水溶き片栗粉は、加える直前にもう一度混ぜましょう。

材料 ● 2人分

一人あたり 760 Kcal

- 中華蒸し麺……………………2玉
- しょうゆ………………大さじ½
- 豚切り落とし肉…………80g
- むきえび…………………………50g

下味

- A
  - 酒…………………大さじ½
  - 塩、こしょう……各少々
  - 片栗粉…………小さじ1
- にんじん…………………………30g
- ゆでたけのこ……………………50g
- 絹さや…………………………20枚
- 干ししいたけ（戻したもの）…2枚
- 長ねぎ…………………………½本
- うずら卵（ゆでたもの）…6個
- しょうが……………………1かけ

合わせ調味料

- B
  - 水……………… 1¼カップ
  - 中華スープの素（顆粒）…小さじ1
  - オイスターソース、砂糖…各大さじ½
  - 塩…………………小さじ⅓
  - こしょう…………………少々

水溶き片栗粉

- C 片栗粉、水…各大さじ1
- ごま油…………………小さじ1
- サラダ油………………大さじ4
- （好みで）酢、練り辛子…各適量

下ごしらえ

1 中華麺をほぐしてしょうゆをふりかけておく。
しょうゆ ×½

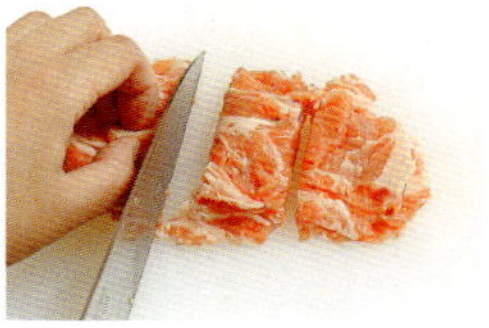

2 豚肉をひと口大に切る。

3 えびの背ワタを取る。

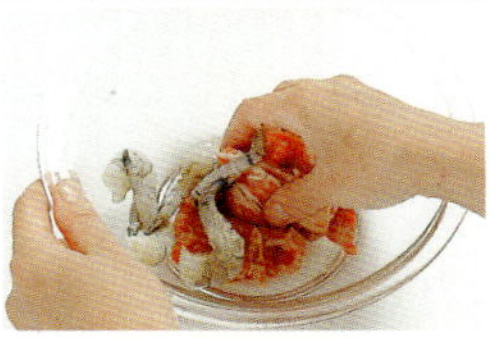

4 ②③を一緒にボウルに入れてAの酒、塩、こしょうを手でもみ込み、片栗粉を加えて混ぜる。
酒 ×½ 塩、こしょう 各少々
片栗粉 ×1

5 にんじん、たけのこを食べやすい大きさの短冊切りにする。

6 絹さやの筋を取る。

7 ⑤⑥をそれぞれさっとゆでる。

8 戻した干ししいたけの軸を取ってそぎ切りにする。

9 長ねぎを斜め薄切りにする。

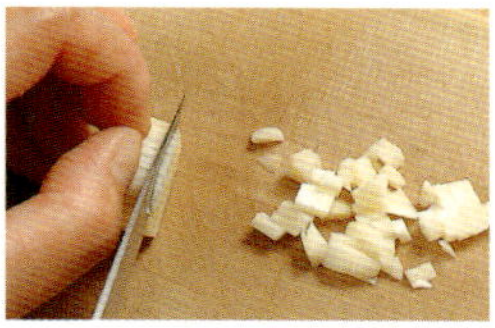

10 しょうがをみじん切りにする。

11 Bを混ぜ合わせる。
水 1¼カップ
中華スープの素 ×1
オイスターソース、砂糖 各 ×½
塩 ×⅓ こしょう 少々

炒める

12 フライパンを中火にかけてサラダ油を熱し、①の麺を2等分してほぐしながら炒める。
サラダ油 ×1

13 全体をほぼ炒めたら丸く形を整え、上から玉杓子を押しつける。焼き色がついたら裏返して、同様に焼く。もう1枚も同様に焼いて器に盛る。サラダ油 ×1

14 フライパンに残りのサラダ油を熱し、⑩のしょうがを炒めて香りを出す。
サラダ油 ×2

15 ④の豚肉とえびを炒めて火を通す。

16 ⑧のしいたけ、⑨の長ねぎを加えて炒める。さらに⑦のにんじん、たけのこ、うずら卵の順に加えて炒める。

17 ⑯に⑪の合わせ調味料を入れて煮立て、水溶き片栗粉Cを加える。
片栗粉、水 各×1

18 とろみがついたら⑦の絹さやを散らし、鍋肌を伝わせてごま油を加えてひと混ぜする。⑬の焼いた麺に等分して⑰をかけ、好みで酢や練り辛子を加えて食べる。

第二章

調理の基礎知識

野菜を鮮やかな緑色にゆでるには？
油抜きって何のこと？
料理しているといろいろな疑問にぶつかります。
ここでは、ごはんの炊き方から冷凍・解凍の方法まで
基本中の基本の知識をまとめました。
火加減や油の温度の見分け方など、
もう一度確認してみましょう。

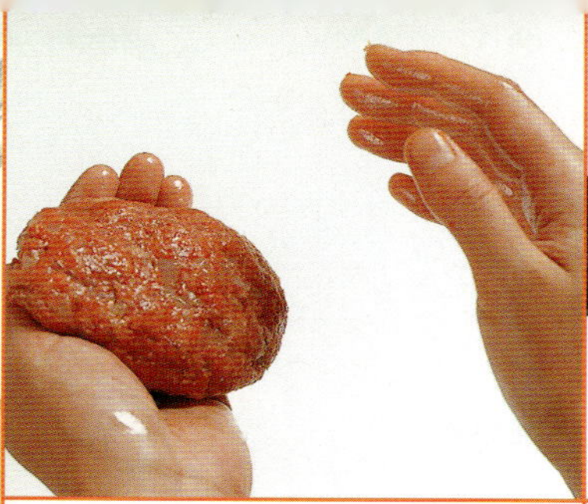

contents

少しずつそろえていきましょう

基本の調理用具

これから料理を始める人に
最低限必要な道具をご紹介。毎日使うものだから、
シンプルで耐久性のあるものを選びましょう。

切る

包丁［サイズ］刃渡り20cm前後

もっとも一般的な万能タイプの洋包丁。
野菜、肉、魚などほとんどの素材を
切ることができる。
ステンレス製が扱いやすく手入れも簡単。

次にそろえるなら…
魚用の出刃包丁や刺身包丁、
野菜専用の菜切り包丁などは、
よく作る料理に合わせて、徐々
にそろえていきましょう。

ペティナイフ

［サイズ］刃渡り10〜16cm前後
小さな素材や果物を切ったり
飾り切りをしたり、
細かな作業をするのに便利。

まな板［サイズ］21×37cm（基本サイズ）

最初は、木製より扱いやすいプラスチック製がおすすめ。
片面を魚・肉用、反対の面を野菜、
果物用に使い分ける。
使った後はすぐに洗剤で洗い、
仕上げに熱湯消毒を。

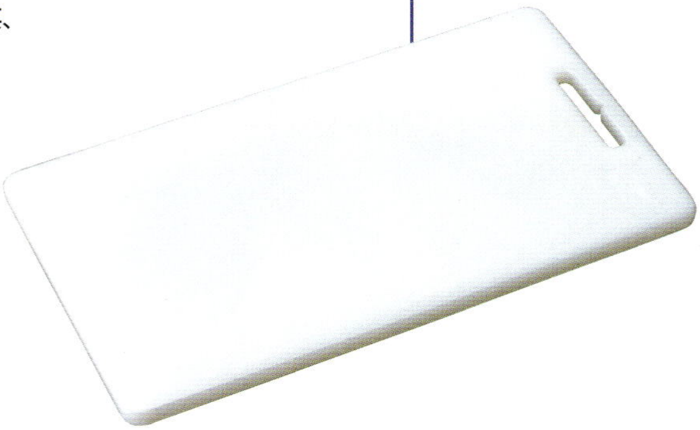

次にそろえるなら…
小型のまな板がもう一
枚あると、パンや果物、
薬味等をちょっと切ると
き使いやすい。

皮むき器（ピーラー）

野菜の皮をむいたり、
薄くスライスする。
刃の横の
輪になった部分は、
じゃがいもの芽を
取り除く時使う。

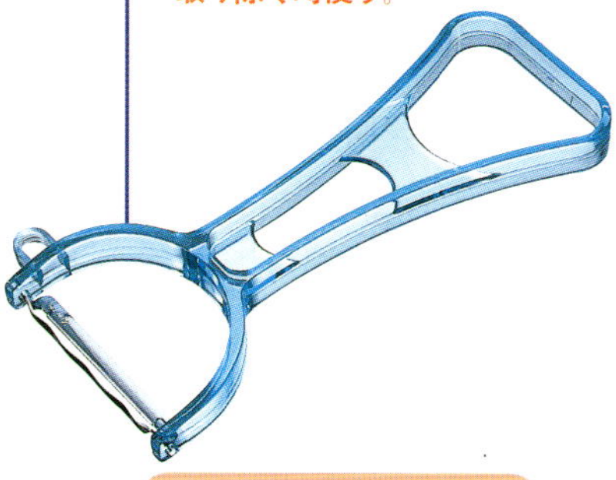

次にそろえるなら…
野菜の千切りや薄切りが
簡単にできるスライサー
も、あると便利。

おろし器

下に受ける容器が
ついているタイプ。
大根おろしなど量が多いものに。

おろし器

セラミック製のもの。
底に滑り止めがついていて
片手でも使えるすぐれもの。

ボウル

［サイズ］（大）直径24cm、（小）直径18cm
混ぜたり、洗ったり、つけたりと
いろいろな用途に使うボウル。
同じタイプを大中小とそろえると使いやすい。
一つはザルがぴったり入るサイズのものを。
ステンレス製が扱いやすい。

次にそろえるなら…
強化ガラス製で電子レンジに入るサイズのボウルがあると、レンジを使った下ごしらえに活躍する。

バット

［サイズ］縦26cm×横20cm×深さ4 cm前後
材料を置く、広げて冷ます、冷凍する、
揚げ物の衣つけ、流し缶の代わりにも。
ステンレス製。ホーロー、ガラス製がある。

次にそろえるなら…
同じサイズの網をセットすると、揚げ物の油きりに。

（準備する）

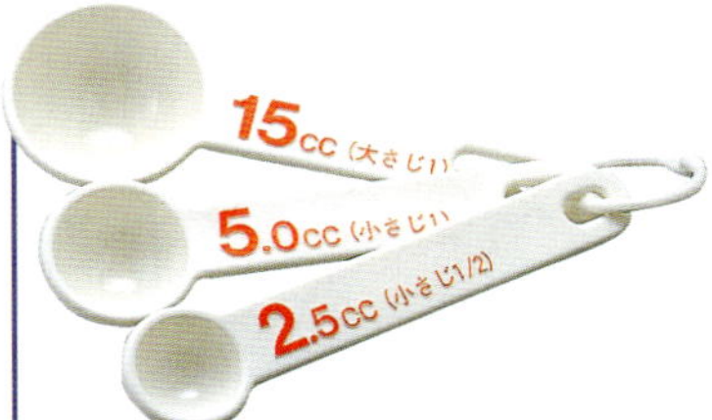

計量スプーン

［サイズ］大さじ（15mℓ）、
小さじ（5 mℓ）、小さじ（2.5mℓ）の 3 本組
スプーン部分が
浅い（底が平らな）タイプと
深い（底が丸い）タイプがあるが、
写真のように深いタイプのほうが計量しやすい。

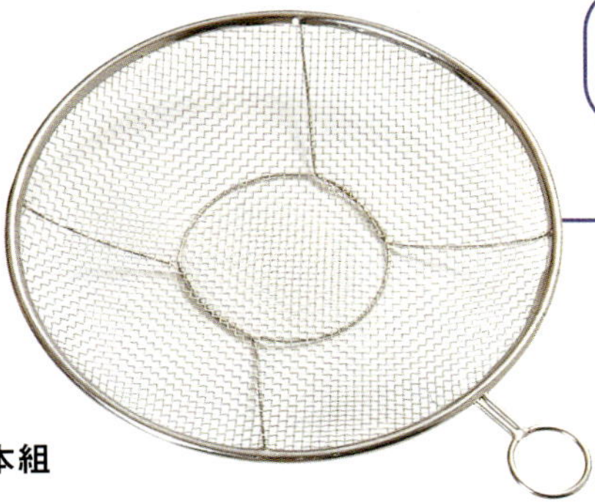

盆ザル［サイズ］直径24cm

材料を広げて置ける
お盆タイプのザル。
ゆで野菜を広げて
冷ますのにも便利。

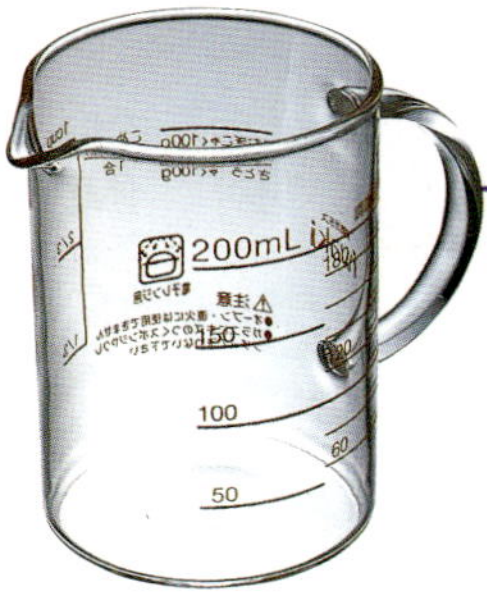

計量カップ

［サイズ］200mℓ
透明で持ち手が
ついたタイプが
使いやすい。

ザル

［サイズ］直径24cm
洗ったりゆでた素材の水きり用に、
またこし器や粉ふるいとしても利用できる。
持ち手と足がついた
ステンレス製のものが便利。
手持ちのボウルにぴったり重なるサイズのものを。

〔調理する〕

ふた

［サイズ］直径28cm
フライパンに
ぴったりかぶさる大きさの、
透明ガラス製のふた。
中の様子を見ながら
調理することができる。

フライパン

［サイズ］直径28cm
このサイズが応用範囲が広く、おすすめ。
立ち上がり10〜12cmの、少し深めのものを。
煮物、蒸し焼きなど鍋代わりにも使え、
ちょっとした揚げ物もできる。
テフロン加工のものは焦げにくく、手入れも簡単。

両手鍋［サイズ］直径20cm

シチューやカレー、煮込み、汁ものに使う。
ステンレス製のほか、
アルミ、ホーロー製、
テフロン加工のものもある。

次にそろえるなら…
深鍋（深さ20cm前後）があると、パスタや麺をゆでたり、スープをとったりもできる。

片手鍋

［サイズ］直径18cm
ちょっとした煮物やみそ汁、
野菜などの下ごしらえに使う。

土鍋［サイズ］9号（4〜5人用）

鍋物、おでんなどの煮物、おかゆを炊く時に。
土鍋の鍋底は急な温度変化に弱いので、
火にかける前に必ず、水気をしっかり拭くこと。

木杓子

材料を炒める、
混ぜる、裏ごすなど、
いろいろな場面で活躍。
柄が長いものを選ぶと
手が熱くならない。

菜箸

2～3組用意して、
糸で2本1組にしてあるものは
糸を切ってばらす。
料理ごとに替えて使う。
先が黒くなってきたら
替え時。

おたま

アクをすくったり、
汁ものをよそったり。
ステンレス製の、
柄が扱いやすい
形のものを。

横レードル

おたまのよそう部分が
横広がりになっている
タイプ。
口の狭いものにも
注ぎやすく、
使い勝手がいいので、
おたまの代わりに
これ1つでも大丈夫。

フライ返し

身がくずれやすい素材を炒めたり
焼いたりする時に。
テフロン加工のフライパンには、
傷つけないよう、金属ではなく
テフロン対応素材のものを選ぶ。

鍋のおろし方

ステンレス鍋

最初に一度、洗剤で全体を洗う。傷をつけないようにスポンジで。

アルミ鍋

最初にたっぷり水をはり、野菜くずを入れてグツグツ煮ると、内側の黒ずみが防げる。

ホーロー鍋

一度、たっぷりの湯をわかし、さましてから全体を洗って使う。

土鍋

「捨てがゆ」といって、初めにおかゆを炊くと、そのとろみが陶器の細かいすきまを埋め、水漏れしなくなる。

基本にプラス

あると便利な調理道具

なくてもすむけれど、
あると料理が
スムーズに進みます。

アクすくい

煮物などで出たアクをすくう。揚げ物用網杓子としても使える。

みそこし

みそを加える料理で、みそを入れ、網ごと煮汁にひたしてよく溶き混ぜる。

竹串

串焼きだけでなく、**火の通り具合を確かめたり、えびの背ワタを取ったり**と、意外と活躍する。

落としぶた

煮物の時、材料の上に直接のせる。煮汁のまわりがよくなり、材料が煮汁の中で踊らないので煮くずれせず煮あがる。**アルミ箔やクッキングシートを丸く切ったものでも代用できる。**

ゴムべら（大）

材料を混ぜ合わせたり、鍋やボウルからソースなどを余さず取るのに使う。

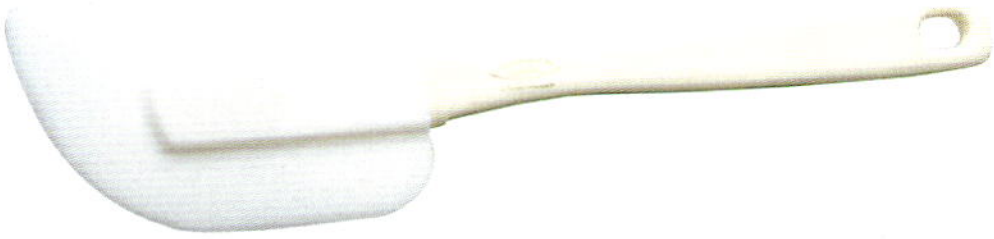

ゴムべら（小）

少量の合わせ調味料やソースをきれいに取るのに便利。

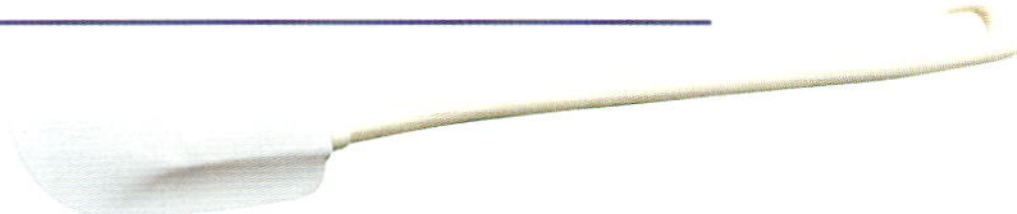

泡立て器（大）

材料を混ぜ合わせ、泡立てる。

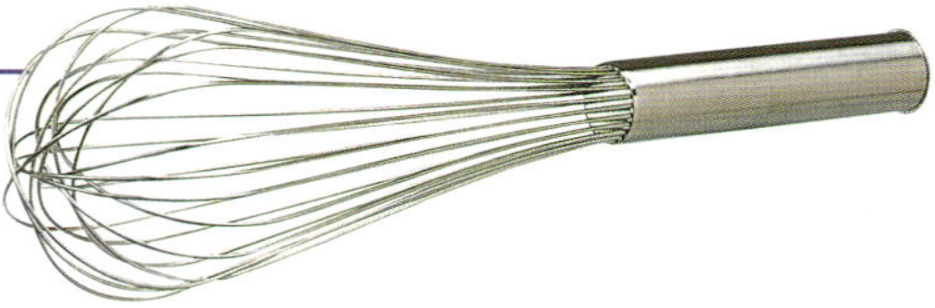

泡立て器（小）

少量の合わせ調味料やソースを混ぜる時に。

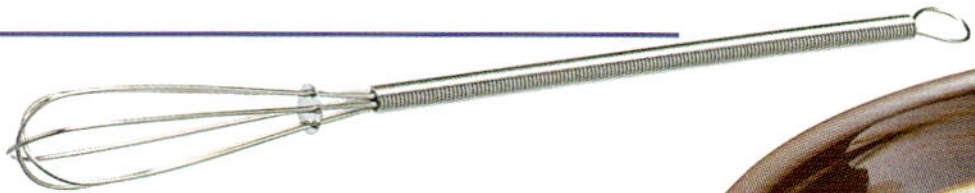

カード

ゴムべらと同様に使う。また、まな板で切った材料を集めて鍋に運ぶ時などにも便利。

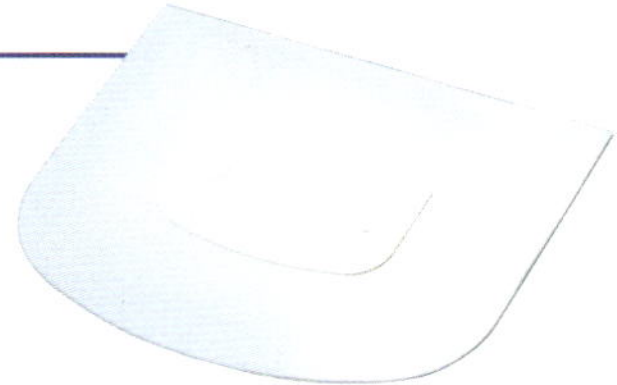

すり鉢・すりこぎ

ごま、豆腐、みそなどをすったり、和え衣を作ったり。**使った後は小さなタワシで目にそってこすって手入れを。**

基本は火と油

火加減や温度のめやすを
きちんと知って使いこなしましょう。

火加減のめやす

いずれの火加減でも、鍋底の周囲からガスの火がはみだしているのは無駄。炎が鍋底の範囲内におさまるよう、鍋の大きさに合わせて調節する。

弱火

鍋底に炎がふれない。

中火

鍋底に炎の先端が当たる。

強火

鍋底に炎全体がぴったりとついている。

油の温度のめやす

揚げ物は温度に気をつけて。じっくり火を通したい根菜などは低温、フライ、天ぷら全般は中温、鶏の唐揚げなど二度揚げで仕上げるものは高温で。

低温　150～160℃

油の中に菜箸を入れると、ゆっくり細かい泡が出る。
天ぷらの衣を落とすと、鍋底について2～3秒して上がってくる。

中温　170～180℃

油の中に菜箸を入れると、少し大きめの泡が出る。
天ぷらの衣を落とすと、鍋底までいかず中ほどまで沈んですぐ上がってくる。

高温　185～190℃

油の中に菜箸を入れると、すぐにたくさんの泡が出る。
天ぷらの衣を落とすと、沈まずに油の表面で散る。

揚げ油の始末

揚げ物が終ったら

使い終わった油は熱いうちにこして容器に移す。油が劣化する原因は光と空気（酸素）。光を通さない小さめの容器に、なるべく口いっぱいまで入れてふたをし、冷暗所に保存する。

油の捨てどき

保存した油は炒め物などに使い、次に揚げ物をする時は、減った分だけ新しい油をさして使う。2～3回使い、茶色くなったら捨てどき。新聞紙に吸わせるか、市販の油処理製品で固めるなどして捨てる。

基本レッスン　1

ご飯を炊く・パスタをゆでる

ご飯を炊く

おいしいご飯を炊くコツは？　最初のとぎ水はすぐに捨てる、しっかり水分を含ませてから炊く——この2つが大きなポイント。

1 米をとぐ。最初はたっぷりの水を加え、ヌカの臭みが米に移らないよう、手早く混ぜて水を捨てる。

2 米を手前に寄せては掌のふくらんだ部分で押し、また寄せて、という動作を繰り返し、米をとぐ。

3 といでは水を加えてヌカやゴミを流す。流すときはもう一方の手を添え、米を流さないように受ける。これを4～5回、水が澄むまで繰り返す。

4 とぎ終わった米をザルに上げて一度水を切る。

5 炊飯器の内釜に米を入れ、分量の水を注ぐ。30分～1時間おき、米に充分に水を吸わせてから炊くのが基本。

6 炊きあがったら10分以上蒸らしてからふたを開け、しゃもじで底の方から大きくふわっと混ぜる。

パスタをゆでる（スパゲッティ）

引き上げるタイミングがアルデンテの決め手。必ず噛んで確かめる。

1 大きめの鍋になるべくたっぷりの水を入れて強火で沸騰させ、2ℓにつき大さじ1⅓の塩（分量外）を加える。

2 スパゲッティをパラパラとほぐして入れ、ざっと混ぜる。（ゆで時間はスパゲティの袋の表示通りに）。

3 再沸騰したら中火にしてゆで、スパゲッティの袋に表示されたゆで時間より少し早めに、1本引き上げて噛んでみて、まだ真ん中に芯が残るくらいで引き上げる。すると、食べる時にアルデンテの歯ごたえが楽しめる。

4 ゆであがったらザルにあげて水気をきり、オリーブ油やソースをからめて器に盛る。

野菜をゆでる

青菜をゆでる

ほうれん草、小松菜、チンゲンサイなどの青菜は、買ってきたらさっとゆでておくと、そのままおひたしや汁物の実に、またいろいろな料理の素材にもすぐ使える。

1 たっぷりの熱湯に塩少々を加え、葉先を持って、根元の方から入れる。

2 5秒ほどゆでて茎がしんなりしたら、葉の部分も沈め、沸騰したら菜箸で上下を返す。冷水にとって冷ます。

野菜を塩ゆでする

絹さや、いんげんのように、彩りをよくするため煮物や焼き物に添える野菜は、軽く塩ゆでにする。

1 熱湯に塩少々を加え、筋を取った絹さやを入れる。

2 歯ごたえが残るくらいにさっとゆで、すぐ水にとって冷ます。

根菜をゆでる

いも類や根菜は火が通りにくいので、水から入れてゆでる。

1 皮をむいて切ったじゃがいもを鍋に入れ、かぶるくらいの水を加えて中火にかける。

2 沸騰したら弱火にして15分ほど、竹串がスッと刺さるやわらかさまでゆでる。

じゃがいもの下ごしらえ

ポテトサラダやコロッケに使うじゃがいもの下ごしらえは……

皮つきのまま ゆでる

切ってゆでるより、皮ごとゆでる方がうまみが残る。熱いうちに皮をむいてつぶす。

電子レンジで 加熱

急ぐ時は電子レンジで。半分に切って切り口を下にして耐熱皿にのせ、ラップして加熱する。

乾物を戻す・加工品の下ごしらえ

乾物を戻す

乾物は、食物繊維やビタミン、ミネラルが豊富でローカロリーのものが多く、積極的に使いたいヘルシーな素材。写真左の乾物が、戻ると右の量に。

切り干し大根

炒め煮、含め煮など加熱することが多いが、戻したまま生でサラダなどにしても。

何度かもむように水洗いし、ひたひたの水につける。

ほどよいやわらかさになったところで水気を絞って適当な長さに切る。

ひじき

葉先部分の「芽ひじき」、茎の部分の「長ひじき」の２種類があり、煮物やサラダ、炊き込みご飯の具などに。

流水で洗い、たっぷりのぬるま湯につけて戻す。

戻ると重量で５倍ほどに増える。戻したらすぐに調理を。

乾燥わかめ

加工していない生わかめ、塩蔵（塩づけ）、乾燥の３種類のうち、乾燥わかめはすぐ使えて保存性もよい。

たっぷりの水につけて、ほどよくやわらかくなるまで戻す。

戻した後、さっと湯にくぐらせると、鮮やかな緑色に。

加工品の下ごしらえ

加工品のアクや余分な水分、油分などを落とすと、味がすっきりし、ほかの味も含みやすくなる。味を引き締める、ほんのひと手間。

豆腐の水切り

料理によって水切りして使う。乾いたふきんやペーパータオルできっちり包み、まな板や平らな皿など重しを乗せて置く。

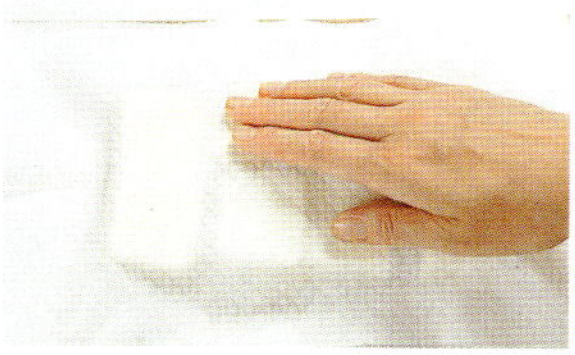

重さと置いておく時間で、固さを加減する。白和えや炒め物には味がぼやけないようしっかり水切り。揚げだし豆腐などやわらかく仕上げたいときは、軽く水切り。

油抜き

油揚げ、厚揚げ、がんもどき、さつまあげなどは、さっと熱湯の中をくぐらせるか、ザルに置いて熱湯を回しかける。

表面の余分な油が取れ、油の匂いも抜ける。

こんにゃくの下ゆで

こんにゃく、しらたきは塩をふってもみ、水洗いしてさっと下ゆでする。

独特の石灰臭さとアクが取れ、歯ごたえもよくなる。

盛りつける

POINT 1 大きなものから盛る

まず、主となる大きな素材を器の中央に盛りつける。次に、和食のつけあわせは手前に、洋食のつけあわせは奥に添える。器とのバランスも考えながら、立体的に。

POINT 2 余白を生かす

器に大盛りにするより、6～7分盛りが美しく見え、食欲もわく。置き方に変化をつけ、器の余白を生かした盛りつけを。

POINT 3 彩りのアクセント

薬味やつけあわせで色のアクセントをつけると、料理がぐっとおいしそうに。和食なら木の芽を散らしたり、ねぎやしそを天盛りに、洋食ならミニトマトやレモン、パセリを添えてみる。

POINT 4 山高に盛るもの

煮物、和え物など単品の副菜は、ベタッと平らに広がらないよう、山高に盛りつける。器に一度によそうのではなく、菜箸で2～3回に分けて、全体を見ながら盛っていく。

POINT 5 季節感を大切に

ふだんの食事でも、季節感を楽しむ余裕を持ちたい。特に和の器は多彩なので、夏はガラス器で涼しげに演出したり、箸置きなどの小物にも気をつかってみては。

調理の基本用語を知る

あ

アクを抜く
材料のえぐみやくせを、水や酢水にさらす、ゆがくなどして抜く。

アクを取る
材料をゆでたり煮たりしたとき、浮いてくるアクを取り除く。

油抜き
油揚げ、厚揚げなどの表面の油と油の匂いを取り除くため、さっと熱湯をくぐらせるか、ザルに置いて熱湯を回しかける。

油を回す
鍋を揺すって油を材料全体にからめる。

粗熱《あらねつ》を取る
加熱調理した直後の熱を、さわれるくらいまで冷ます。

炒める
鍋に油を引き、材料を加熱する。

炒《い》る
油や水分を加えず、材料をかき混ぜながら加熱する。炒り卵、そぼろなど。

落としぶた
煮物のとき、鍋に入れた材料の上に直接のせるふた。煮くずれを防ぎ、煮汁が全体にまわりやすくする。

か

かぶるくらいの水
材料の上辺まで水がある状態。

唐揚げ
材料に小麦粉、片栗粉などをまぶして揚げる。下味をつける場合もある。

化粧塩
焼き魚のひれが焦げ落ちずにきれいに焼きあがるように、胸びれ、尾びれに粗塩をつける。

ごまよごし
ごま和えのこと。すったごまに砂糖、しょうゆなどを合わせた和え衣で、ゆで野菜などを和える。

さ

さらす
アクを抜いたり色鮮やかに仕上げるため、材料を水や酢水、塩水につけてしばらくおく。

下味
材料を加熱する前に、あらかじめ薄く味をつけておくこと。

筋切り
肉の赤身と脂身の境目にある筋に、数カ所切れ目を入れて焼き縮みを防ぐ。

砂出し
貝の下ごしらえで、砂を吐かせる。あさりとはまぐりは海水と同じ程度の塩水、しじみは真水にひたし、ふたをして2～3時間おく。

そぼろ
ひき肉や魚のすり身に調味料を加えて炒り、煮つめてポロポロの状態にしたもの。

た

竜田揚げ
しょうゆ、みりん、酒などで下味をつけ、片栗粉や小麦粉をまぶして揚げる。鶏肉や魚を材料にすることが多い。

つけ焼き
たれを材料に塗ったり、かけたりしながら焼く。材料をたれにつけこんでおく場合も。

つや煮
照り煮ともいい、砂糖やみりんを使ってつややかに仕上げた煮物。

照り焼き
しょうゆ、みりん、酒などを合わせたたれに材料をつけ、つやよく焼く。

とろみをつける
主に水溶き片栗粉を加えて加熱し、汁に濃度をつけること。

な

煮からめる
煮汁が少なくなるまで煮つめ、材料に煮汁をからめるように混ぜながら煮る。

煮きる
酒やみりんなどを鍋に入れて煮立ててアルコール分を飛ばし、うまみを引き立てる。

煮含める
多めの煮汁で、材料の中まで味がしみこむようにじっくり煮る。

は

ひたひたの水
材料がほんの少し水から出るくらいの状態。

ひと煮する
さっと火が通る程度に軽く煮る。

ひと煮立ちさせる
煮物や汁物などを一度沸騰させてから、すぐに火を止める。

フライ
材料に小麦粉、溶き卵、パン粉の衣をつけて揚げる。

フランベ
調理の最後に、ブランデー、ワインなどをふりかけ、鍋に火を入れてアルコール分を飛ばし、風味づけすること。

ホイル焼き
アルミホイルに包んで蒸し焼きにする。

ま

蒸す
沸騰した水の蒸気で材料を加熱する。蒸し器、せいろなどを使うが、普通の深鍋でも皿を置いたり簡易蒸し器をセットすれば蒸せる。

ムニエル
魚に小麦粉をまぶして、バターで焼く。

面取り
根菜などの煮くずれを防ぐため、切った野菜の角を削るように取る。包丁でも、ピーラーでもできる。

戻す
乾物、塩蔵品を水やぬるま湯などにひたして元の状態に戻すこと。

や

焼き色をつける
材料の表面にきつね色の焦げ目をほどよくつける。

湯通しする
材料を熱湯の中に入れ、すぐに取り出す。

基本レッスン　6

野菜を保存する

キャベツ・レタス

芯をくり抜いて濡れたペーパータオルをつめ、ラップか濡らした新聞紙で包む。芯を下にして冷蔵庫の野菜室に保存。

葉もの野菜

濡らした新聞紙に包み、根を下にして立てて冷蔵庫の野菜室に保存。ほうれん草、チンゲンサイ、小松菜など。

にんじん・ごぼう

濡れた新聞紙に包み、冷蔵庫で保存。

大根

葉を切り落とし、切り口をラップで覆って濡らした新聞紙で包み、冷蔵庫で保存。葉は別に新聞紙に包み、冷蔵庫へ。

いも類

紙袋に入れ、常温で日陰に保存。冷蔵庫にしまう必要はなし。

玉ねぎ

直射日光を避け、常温で風通しのいい場所に保存。冷蔵庫にしまう必要はなし。

しょうが

新聞紙に包み、常温で日陰に保存。

ハーブ類

密閉容器の底に水で湿らせたペーパータオルを敷き、ハーブを入れ、上にまたペーパータオルを乗せてふたをし、冷蔵庫へ入れて保存。ミントやバジルなどのハーブ、大葉がしおれにくい。

冷凍・解凍する

（冷凍）

素早く凍らせる

冷凍にかかる時間が短いほど、うまみも逃げず、味も変化しない。急速に冷凍するには、金属製のバットに並べて。調理済みのものは完全に冷ましてから冷凍する。

トレーははずす

トレーのままだと冷凍速度が遅くなり、魚や肉のうまみが逃げてしまう。トレーをはずし、包み直してから冷凍。

空気をしっかり抜く

冷凍用保存袋に素材を入れたら、平らにして押さえ、空気を抜いて冷凍室へ。できる限り空気を抜くのがコツ。空気が入っていると冷凍速度が遅くなる上、霜がついたり、酸化の原因に。

平らにする

薄く、平らにして冷凍すると、冷気が回りやすく、早く凍る。重ねるか、立てて冷凍庫に入れれば場所もとらない。

小分けにする

初めから使いやすい分量ずつ、小分けにして冷凍すると便利。

● 薄切り肉やハム

１枚ずつ広げてラップをはさんで保存袋へ。

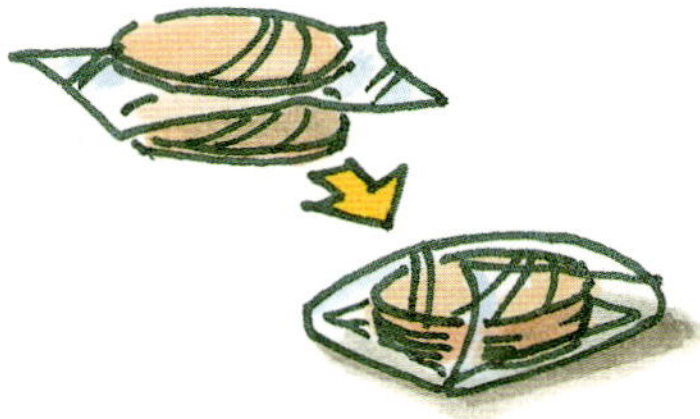

● ひき肉

使いやすい分量に小分けして保存袋へ入れ、袋の上から薄く平らにのばす。使う時はその分だけ折って取り出す。

● 魚の切り身や刺し身

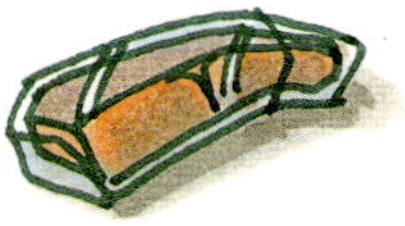

一切れずつラップで包んで保存袋へ。

● ごはん

炊きたてを冷まして１杯分ずつラップで包む。

● パン

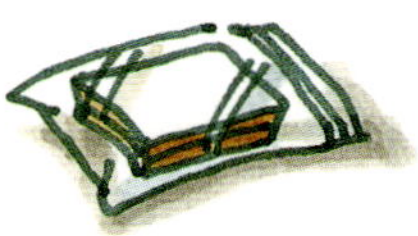

食パンをそのまま袋に入れて。

（解凍）

ご飯・パン

ご飯をラップで包んで冷凍したものは、そのまま電子レンジで温める。パンは凍ったままトースターで焼くと、焼きたてのおいしさが楽しめる。

生の素材

魚、肉など生のまま冷凍したものは、使うとき完全に解凍すると、うまみが流れ出ておいしさが半減。電子レンジの弱（生もの解凍）で100ｇにつき約１分加熱し、半解凍の状態にしてから調理する。まぐろの刺し身等は、ふんわりラップをかけてレンジ弱で様子を見ながら加熱し、半解凍で中がシャリッとしている状態でテーブルへ。

干物などの加工品・市販の冷凍野菜

凍ったまま調理できる。

主材料別 さくいん

50音順 さくいん

牧　弘美

富山県富山市出身。結婚後調理師学校に入学、料理の勉強を続け、1977年より「牧クッキングサロン」を開講。家庭料理からエスニック料理まで、幅広いジャンルの料理を指導する。1990年より辻クッキング池袋校の師範課講師、1995年より日本テレビ「3分クッキング」にレギュラー講師として出演中。

牧クッキングサロン

http://www.makicookingsalon.jp

牧　マサミ

ホームクッキングコンサルタント。調理師の資格取得後、フランス料理店などで修行をつみ、教室や著作などでお母様の牧弘美さんの右腕として活躍中。

料理アシスタント◆牧　マサミ

撮影◆有限会社f-64写真事務所　上林徳寛

撮影協力◆渋谷ロフト

TEL 03（3462）3807（代表）

レイアウト◆有限会社じゅわ樹　大久保舞子

編集協力◆橘内美佳

企画・編集◆有限会社じゅわ樹

相坂柚火子／山川あやめ／鎌谷善枝／佐藤恵美

いちばんわかりやすい　基本の料理

著　者　牧《まき》　弘《ひろ》　美《み》

発行者　深　見　悦　司

印刷所　共同印刷株式会社

発　行　所

成　美　堂　出　版

〒162-8445　東京都新宿区新小川町1-7

電話(03)5206-8151　FAX(03)5206-8159

ISBN4-415-02153-0